TOUT RÉUSSIR SANS STRESSER

GRÂCE À LA MÉTHODE ZTD (ZEN TO DONE)

10 habitudes à prendre pour une vie mieux organisée et plus épanouissante

Titre de l'édition originale:
Zen To Done, the ultimate simple productivity system

Traduction: Sabine Rolland
Maquette: Célia Cousty
Relecture-correction: Thérèse-Marie Mahé

une marque des éditions Leduc.s
29 boulevard Raspail
75007 Paris – France
E-mail: info@editionsleduc.com
ISBN: 979-10-92928-62-4

LEO BABAUTA

TOUT RÉUSSIR SANS STRESSER

GRÂCE À LA MÉTHODE ZTD

(ZEN TO DONE)

10 habitudes à prendre pour une vie mieux organisée et plus épanouissante

ALISIO

SOMMAIRE

À Eva

INTRODUCTION

« La raison principale du stress que vous éprouvez n'est pas d'avoir trop à faire, mais de ne pas finir ce que vous avez commencé. »

David Allen

J'ai écrit ce livre pour celles et ceux qui veulent organiser leur vie et accomplir vraiment les choses qui figurent sur leur *to-do list*.

Si vous en faites partie, vous allez trouver ici des concepts utiles.

Le Zen To Done (ZTD) est un système à la fois simple et efficace. Il va vous aider à développer des habitudes qui vous permettront d'organiser toutes vos tâches et tous vos projets, de vivre une journée de travail simple et structurée, de garder un bureau propre, net, et une boîte mail désencombrée. Surtout, il va vous aider à faire ce que vous devez faire, sans vous laisser distraire.

C'est demander beaucoup à un petit bouquin. D'ailleurs, ce n'est pas lui qui va agir à votre place – c'est vous. Et pour cela, vous devez avoir vraiment la volonté de changer vos habitudes. Mais si vous êtes tout à fait décidés, le ZTD vous fournira tous les outils nécessaires. Laissez-moi vous dire que changer vos habitudes, c'est possible. En utilisant les techniques que je décris dans ce livre et sur mon site, Zen Habits, j'ai modifié moi-même beaucoup de choses dans ma vie : j'ai arrêté de fumer, je me suis mis à la course à pied, j'ai appris à manger plus sainement, j'ai couru un marathon, j'ai doublé mes revenus et mis en ordre mes finances, je suis devenu vegan, j'ai effacé presque toutes mes dettes, j'ai participé à un triathlon, j'ai perdu plus de 9 kilos et j'ai lancé un blog à succès – entre autres. Alors, oui, c'est vraiment possible de changer vos habitudes si vous commencez par des petites choses, si vous êtes motivés et si vous restez fixés sur votre objectif.

Je suis devenu plus organisé et plus productif. Il y a encore seulement quelques années, mon bureau était encombré, j'accumulais des montagnes de listes que j'oubliais ou que je perdais systématiquement, je me retrouvais avec des tonnes de choses à faire et j'étais complètement dépassé par le chaos et la complexité de mes journées. Ma boîte mail débordait, ma boîte vocale était saturée de messages et le courrier s'entassait dans ma corbeille. J'oubliais toujours quelque chose à faire et, globalement, j'étais désorganisé et improductif.

« Vous devez avoir vraiment la volonté de changer vos habitudes. Mais si vous êtes tout à fait décidés, le ZTD vous fournira tous les outils nécessaires. »

Puis, un jour, j'ai commencé à changer mes habitudes, une par une. Aujourd'hui, toutes mes boîtes sont vides. Ma *to-do list* du jour ne comporte que trois choses à faire très importantes. Je sais que je vais les faire. Je suis capable de laisser de côté les distractions et de me concentrer. Je note tout par écrit, à un même endroit et, du coup, je n'oublie plus rien.

Aujourd'hui, ma vie est beaucoup plus saine, beaucoup plus simple et beaucoup moins éparpillée. Je fais BEAUCOUP plus de choses – j'assure mon boulot au quotidien, j'écris mon blog, ainsi que pour six autres blogs, je réalise des projets personnels et il me reste du temps pour ma famille. Je suis plus heureux et plus productif – tous ces résultats grâce à quelques changements simples dans mes habitudes.

« Puis, un jour, j'ai commencé à changer mes habitudes, une par une. Aujourd'hui, toutes mes boîtes sont vides. Ma *to-do list* du jour ne comporte que trois choses à faire très importantes. Je sais que je vais les faire. Je suis capable de laisser de côté les distractions et de me concentrer. Je note tout par écrit, à un même endroit et, du coup, je n'oublie plus rien. »

Vous aussi, vous pouvez le faire, croyez-moi. Je ne suis pas Superman – j'ai seulement pris la décision de m'améliorer et de changer mes habitudes, une par une.
Continuez votre lecture et voyez comment vous pouvez, vous aussi, obtenir ce résultat. Attention : je ne vous demande pas d'adopter forcément l'ensemble du système – chacun fonctionne à sa manière. C'est tout l'intérêt de la méthode ZTD : vous pouvez choisir les habitudes qui conviennent le mieux pour vous.

Bonne chance ! Prenez votre pied en lisant ce livre ! Changer ses habitudes peut être très excitant, vous savez, et je vous recommande chaudement de bien profiter de ce que vous allez découvrir ici.

I. POURQUOI LA MÉTHODE ZTD ?

« La simplicité est la sophistication suprême. »

Léonard de Vinci

J'ai décidé d'emprunter quelques-unes des meilleures idées à quelques-uns des meilleurs systèmes de productivité inventés jusqu'à présent – notamment la méthode GTD (« Getting Things Done »), de David Allen, et « Les 7 Habitudes de ceux qui réussissent tout ce qu'ils entreprennent », de Stephen Covey –, d'y ajouter d'autres idées utiles et de condenser le tout dans un système ultrasimple et hyperfacile à utiliser : le Zen To Done.

Pourquoi « Zen To Done » ? D'abord parce que mon blog s'appelle Zen Habits, mais la formule « Habits To Done » ne sonnait pas bien à mes oreilles. J'ai aussi pensé à « Simple To Done », mais l'acronyme STD ne me plaisait pas. Ensuite, parce que ZTD capte parfaitement l'esprit de ce nouveau système : Simplicité + Focalisation sur FAIRE ICI ET MAINTENANT, et pas demain ou dans dix ans.
Si vous avez rencontré quelques soucis avec la méthode GTD, excellente d'ailleurs, la méthode ZTD est faite pour vous. Elle est axée sur le *faire*, sur la simplicité, sur la facilité de la méthode. Lisez la suite.

La méthode ZTD a pour but de résoudre 5 problèmes que de nombreuses personnes rencontrent avec la méthode GTD. Ce n'est pas que le GTD soit un mauvais système, loin de là, et, en soi, il n'a pas vraiment besoin d'être modifié, mais chacun est différent. Le système ZTD est personnalisé, adapté à la personnalité particulière de chacun d'entre nous.

« ZTD capte parfaitement l'esprit de ce nouveau système : Simplicité + Focalisation sur FAIRE ICI ET MAINTENANT, et pas demain ou dans dix ans. »

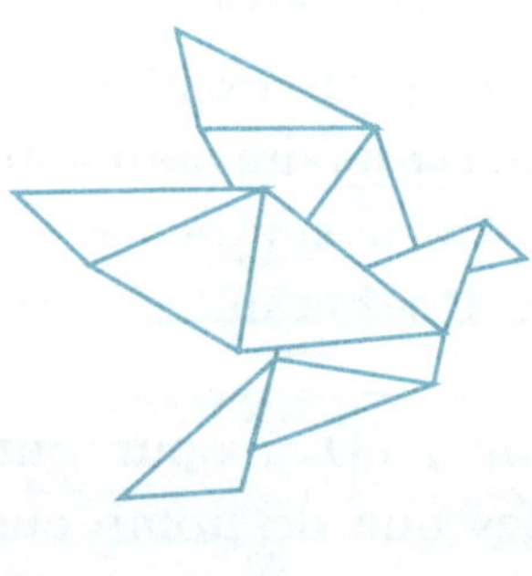

La méthode ZTD résout 5 problèmes rencontrés avec la méthode GTD :

1. Le GTD propose une série de changements d'habitudes. C'est la principale raison pour laquelle les gens le laissent tomber – ces changements forment un ensemble qu'il faut traiter tous en même temps. Comme je le dis dans mon blog, Zen Habits, il est préférable de se focaliser sur le changement d'une habitude à la fois pour avoir les meilleures chances de succès. De plus, les adeptes du GTD n'appliquent pas des méthodes de changement qui ont fait leurs preuves (celles dont je parle justement dans mon blog) pour transformer leurs habitudes.

Solution : Le ZTD se focalise sur une habitude à changer à la fois. N'essayez pas d'adopter tout le système d'un coup – vous serez submergés et vous aurez beaucoup de mal à vous concentrer sur les changements si vous en faites trop à la fois. Alors consacrez votre attention sur un seul changement avant de passer au suivant. Il faut avancer progressivement. Appliquez des méthodes à l'efficacité prouvée (objectif fixé à 30 jours, engagement, récompenses, boosters de motivation, etc.) pour apprivoiser avec succès chaque nouvelle habitude.

2. Le GTD n'est pas suffisamment axé sur le *FAIRE*. Malgré son nom, ce système nous ramène la plupart du temps à faire les choses... comme on les a toujours faites. Bien qu'il constitue un excellent système, le GTD insiste sur les étapes de la collecte des données et sur leur traitement, plutôt que sur les étapes de l'action elle-même.

Solution : Le ZTD se focalise davantage sur l'action : comment exécuter concrètement vos tâches, simplement et sans stress.

3. Le GTD, pour beaucoup d'entre vous, n'est pas assez structuré. Ce manque de structure, les prises de décision instantanées concernant des tâches futures peuvent être l'un de ses points forts, mais aussi une source de confusion pour bien des gens. Pour ceux qui ont besoin d'envisager une journée plus structurée, le GTD peut sembler déroutant. Nous avons chacun notre style.

Solution : Le ZTD propose deux habitudes à prendre pour résoudre ce problème : planifier et instaurer des rituels. La première habitude sera de programmer simplement vos trois tâches prioritaires du jour – ce que j'appelle vos TPJ – et vos tâches prioritaires de la semaine – ce que j'appelle vos TPS. La seconde habitude sera de vous fixer des rituels quotidiens et hebdomadaires. Mais n'oubliez pas que ces habitudes, comme toutes celles

« Le ZTD se focalise davantage sur l'action : comment exécuter concrètement vos tâches, simplement et sans stress. »

qui constituent la méthode ZTD, sont facultatives. Si elles ne fonctionnent pas pour vous, ne les adoptez pas. Mais, pour la plupart, elles complètent parfaitement les autres aspects positifs de la méthode GTD.

4. Le GTD essaie d'en faire trop, ce qui finit par créer du stress. Le GTD ne fait pas le tri entre toutes les tâches qui vous incombent : on peut voir là aussi l'un de ses points forts. Mais l'inconvénient, c'est qu'en inscrivant tout sur votre liste, vous ne savez plus où donner de la tête. Vous voulez tout faire. Le problème ne vient pas du GTD en soi, mais de son application.

Solution : Le ZTD s'attache à simplifier. Allégez-vous d'un maximum de choses à faire pour pouvoir vous concentrer sur ce qui est important et l'exécuter comme il faut.

5. Le GTD n'est pas suffisamment axé sur vos objectifs personnels. Il a été conçu comme une méthode d'amélioration, de progrès. Bien qu'il vise haut, il n'offre rien de vraiment concret dans ce domaine. Du coup, le GTD vous invite à faire tout ce qui se présente à vous, plutôt qu'à choisir des priorités à traiter en premier.

Solution : Comme je l'ai mentionné plus haut, le ZTD vous demande d'identifier les choses primordiales que vous voulez faire dans la journée et dans la semaine. Une autre habitude suggérée par le ZTD, c'est de faire le point sur vos objectifs chaque semaine, de manière à garder l'œil sur eux tout au long de l'année. Le GTD fait allusion à ce point, mais le ZTD va plus loin.

Bref, le GTD est un excellent système qui fonctionne parfaitement. Mais le ZTD se penche précisément sur la mise en œuvre et y apporte des solutions concrètes. Il ajoute d'autres idées efficaces et adapte le système à la vie réelle.

« Le ZTD s'attache à simplifier. Allégez-vous d'un maximum de choses à faire pour pouvoir vous concentrer sur ce qui est important et l'exécuter comme il faut. »

2.

APERÇU GÉNÉRAL : DE QUOI S'AGIT-IL ?

« Les choses qui comptent
le plus ne doivent pas être
à la merci de celles
qui comptent le moins. »

Goethe

Alors penchons-nous de plus près sur ce qu'est vraiment la méthode ZTD : un ensemble de 10 habitudes qui vont vous aider à vous organiser, à simplifier votre vie, à contrôler les choses et à faire ce que vous devez faire.

Si vous adoptez le ZTD, vous n'êtes pas obligés de suivre les 10 habitudes. Sélectionnez seulement celles qui conviennent à votre personnalité : l'objectif est de les maîtriser du mieux possible.

Vous devez choisir et renforcer 1 habitude à la fois – 2 ou 3 au maximum. Travaillez à acquérir cette habitude pendant une période de 30 jours, puis passez à la suivante.

Ce système peut vous paraître difficile, je le sais. Mais ces habitudes s'ancreront davantage en vous si vous vous concentrez sur peu à la fois. Au bout d'un an, vous les aurez toutes adoptées avec succès – et, sincèrement, je ne pense pas que réussir en un an à devenir parfaitement organisé et productif soit un si mauvais résultat.

L'ordre que j'ai adopté pour classer ces habitudes n'est qu'une suggestion – à vous d'observer l'ordre qui vous semblera le meilleur pour vous. Les habitudes 1 à 8 sont ultra-importantes, mais je vous invite à considérer sérieusement aussi les habitudes 9 et 10. Je vais détailler chacune de ces habitudes dans les chapitres suivants.

« Je ne pense pas que réussir en un an à devenir parfaitement organisé et productif soit un si mauvais résultat. »

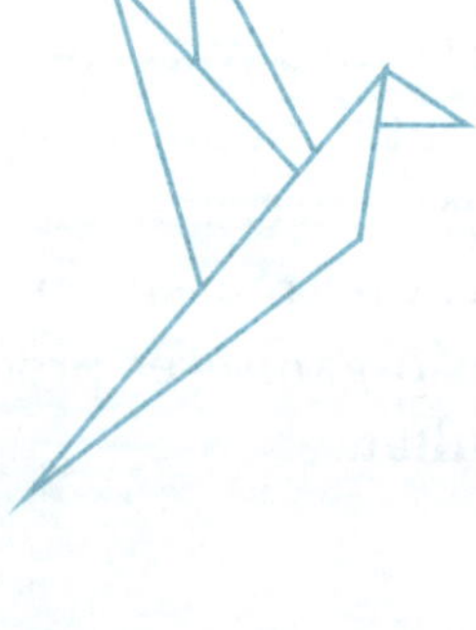

HABITUDE N° 1 : COLLECTER

Collectez l'information en permanence. Ayez toujours sur vous, où que vous alliez, un petit bloc-notes ou un petit carnet (n'importe quel support d'écriture qui vous convient) et notez-y toutes les tâches, toutes les idées, tous les projets ou toutes les informations qui vous viennent à l'esprit. Sortez-les de votre tête pour les confier au papier et ne pas les oublier. La méthode ZTD vous demande de choisir un outil simplissime, que vous puissiez emmener partout avec vous, et facile à utiliser. Si je vous recommande un petit carnet de notes ou un petit bloc de fiches cartonnées, c'est parce que ces supports sont beaucoup plus faciles à manipuler et à transporter (ils tiennent dans la poche !) qu'un assistant personnel (PDA) ou un ultraportable (notebook). Plus les outils sont simples, mieux c'est. Lorsque vous allez au bureau ou rentrez chez vous, videz vos notes dans votre *to-do list*.

HABITUDE N° 2 : TRAITER

Prenez des décisions rapides sur le courrier et les messages reçus, ne les différez pas. Laisser les choses s'entasser s'appelle de la procrastination. Traitez les informations reçues et stockées – que ce soit dans votre boîte mail, votre boîte vocale, votre corbeille à courrier ou votre notebook – au moins une fois par jour, et plus fréquemment si nécessaire. Procédez de haut en bas en prenant une décision par rapport à chaque chose : faites-la (si ça vous prend 2 minutes ou moins), supprimez-la ou jetez-la à la poubelle, déléguez-la, classez-la (dans un dossier) ou inscrivez-la sur votre *to-do list* ou sur votre agenda pour la faire plus tard.

HABITUDE N° 3 : PLANIFIER

Fixez-vous des priorités quotidiennes et hebdomadaires. En début de semaine, dressez la liste des tâches prioritaires que vous voulez accomplir durant la semaine (TPS) et programmez-les en premier. Chaque jour, fixez-vous 1 à 3 tâches prioritaires (TPJ) et veillez à les accomplir. Réglez les questions hyperimportantes en début de journée pour ne plus avoir à y penser et être sûrs qu'elles seront traitées.

HABITUDE N° 4 : FAIRE

Faites une chose à la fois, sans vous laisser distraire. C'est l'une des habitudes les plus importantes de la méthode ZTD. Vous devez sélectionner une tâche (de préférence l'une de vos TPJ) et vous concentrer sur elle, à l'exclusion de tout le reste. Pour commencer, éliminez toutes les sources de distraction. Fermez votre boîte mail, éteignez votre téléphone portable et, si possible, déconnectez votre ordinateur (sinon, fermez juste les onglets inutiles), puis dégagez tout ce qui encombre votre bureau (si vous adoptez l'habitude n° 2, ce devrait être assez facile). Ensuite, programmez un minuteur sur un laps de temps ou focalisez-vous simplement sur votre tâche le plus longtemps possible. Ne vous laissez pas distraire. Si quelqu'un ou quelque chose vous interrompt, notez par écrit toute demande, info ou sujet à venir sur votre petit carnet et reprenez le travail en cours. N'essayez pas de régler plusieurs tâches à la fois.

HABITUDE N° 5 : S'ASSURER UN SYSTÈME SIMPLE ET FIABLE

Tenez des listes simples et vérifiez-les tous les jours. Vous pouvez utiliser des listes par catégories comme @travail @appel @maison @courses @en attente, etc. si ce classement fonctionne pour vous. Je vous suggère d'opter pour le plus simple. Ne créez pas un système compliqué et ne testez pas sans cesse de nouveaux outils. C'est une perte de temps, aussi attrayant que ce soit. Pour vos listes, utilisez soit un carnet, un petit bloc-notes ou des fiches, soit l'application la plus simple possible. Vous n'avez pas besoin d'organiseur, d'assistant personnel, d'Outlook ni de système d'onglets complexe. Juste une liste pour chaque catégorie et une liste de projets que vous réviserez tous les jours ou toutes les semaines. Relier actions et projets ou catégories, pourquoi pas, mais cela risque de devenir trop compliqué. Faites simple, concentrez-vous sur ce que vous avez à faire maintenant et ne vous amusez pas à jouer avec votre système ou vos outils.

HABITUDE N° 6 : ORGANISER

N'oubliez jamais qu'il y a une place pour tout. Tout le courrier et les messages reçus vont soit sur vos listes par catégories et dans un dossier « Tâches en cours », soit dans un classeur ou une chemise de votre système d'archivage, soit dans votre boîte d'envoi si vous déléguez, soit à la poubelle. Triez tout de suite les infos et dispatchez-les là où elles doivent aller, au lieu de les entasser en pensant faire le tri plus tard. Votre bureau reste ainsi dégagé et vous pouvez vous focaliser sur votre travail. Ne remettez pas à plus tard ce que vous pouvez faire maintenant.

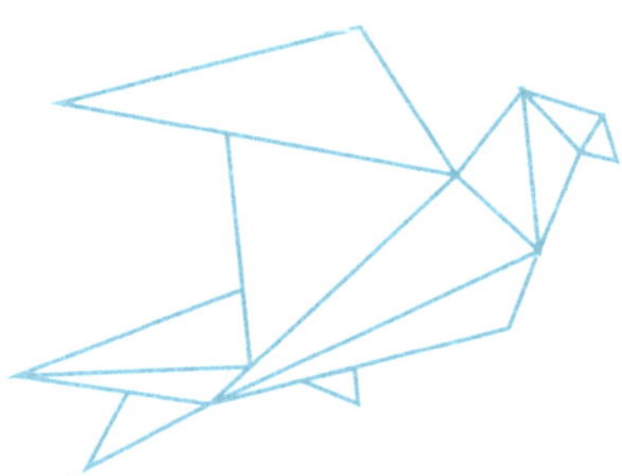

HABITUDE N° 7 : FAIRE LE POINT

Faites le point sur votre système et vos objectifs toutes les semaines. La révision hebdomadaire de la méthode ZTD vous demande une vérification rapide et un contrôle de vos objectifs chaque semaine. À l'occasion de ce petit bilan, vous réexaminerez chacun de vos objectifs annuels, constaterez quels progrès vous avez faits et le chemin que vous avez accompli au cours de la semaine passée ; ensuite vous déterminerez les actions à mener ou les étapes à franchir dans la semaine à venir pour vous rapprocher de vos objectifs. Une fois par mois, examinez un peu plus longuement l'avancée de vos objectifs. Et, chaque année, faites le bilan de vos réalisations à partir des objectifs fixés en début d'année, puis faites le point sur vos objectifs de vie.

HABITUDE N° 8 : SIMPLIFIER

Réduisez vos objectifs et vos tâches à l'essentiel. Si vous essayez de gérer en même temps toutes les tâches qui se présentent, vous serez rapidement débordés et vous perdrez de vue vos priorités. C'est pourquoi le ZTD vous engage à passer en revue vos listes pour voir si vous pouvez les simplifier. Supprimez tout ce qui ne fait pas partie de vos obligations et projets prioritaires. Simplifiez vos engagements et votre flux d'informations entrant. Vérifiez que projets et tâches correspondent à vos objectifs pour l'année et pour la vie. Procédez ainsi tous les jours (brièvement, à petite échelle) et à l'occasion de vos bilans hebdomadaires et mensuels.

« Focalisez-vous simplement sur votre tâche le plus longtemps possible. »

HABITUDE N° 9 : INSTAURER DES RITUELS

Établissez et respectez des rituels. Si certains systèmes de productivité ne sont pas assez structurés pour vous, essayez de prendre l'habitude d'instaurer des rituels pour vérifier si ce moyen fonctionne mieux. Un rituel matinal, par exemple, pourrait consister à regarder votre agenda, parcourir vos listes par catégories, fixer vos TPJ, faire un peu d'exercice, traiter les courriers et messages reçus, et accomplir votre première TPJ. Un rituel du soir, par exemple, pourrait consister à traiter les courriers et messages reçus (de nouveau), faire le point sur la journée écoulée, écrire dans votre journal et préparer la journée du lendemain. Un rituel hebdomadaire, par exemple, pourrait consister à faire les courses, une lessive, vos comptes, à réviser le résultat de la semaine écoulée, à voir votre famille, etc. C'est à vous de fixer vos propres rituels et de les faire fonctionner.

HABITUDE N° 10 : TROUVER VOTRE PASSION

Cherchez un travail qui vous passionne. Voilà une dernière habitude à prendre, peut-être la plus importante. La méthode GTD est parfaite pour gérer les tâches de votre vie au fur et à mesure, pour éviter de les remettre toujours à plus tard. Mais si votre travail vous passionne, vous ne risquez pas de tomber dans la procrastination ; au contraire, vous aurez plaisir à travailler et vous en redemanderez.

L'habitude n° 10 est la recherche constante des choses qui vous passionnent. Si vous en trouvez, voyez si vous pouvez en faire votre job. C'est quand même mieux de faire de votre travail une passion plutôt que subir une corvée, non ? C'est le meilleur moyen pour que vos listes de tâches ressemblent à des listes de récompenses.

« Si vous essayez de gérer en même temps toutes les tâches qui se présentent, vous serez rapidement débordés et vous perdrez de vue vos priorités. »

3.
LA MÉTHODE ZTD VERSION MINIMALISTE : LA SIMPLICITÉ ABSOLUE

« Tout devrait être rendu aussi simple que possible, mais pas plus simple. »

Albert Einstein

Pour certains, prendre 10 nouvelles habitudes, même une par une, est une entreprise trop lourde et trop compliquée. Alors, pour ceux qui recherchent le plus simple possible, voici la version minimaliste de la méthode ZTD – ou comment obtenir une productivité optimale sans prise de tête.

Il suffit seulement de 4 habitudes à adopter : collecter, traiter, planifier et faire. Et de deux outils : un petit carnet et un stylo.

HABITUDE N° 1 : COLLECTER

Gardez sur vous un petit carnet et notez-y les tâches, les idées, les projets ou n'importe quelle autre information qui vous vient à l'esprit. Sortez-les de votre tête pour les confier au papier et éviter de les oublier.

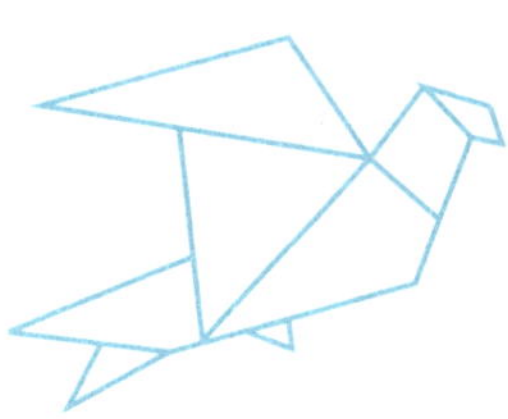

HABITUDE N° 2 : TRAITER

Prenez des décisions rapides concernant le courrier et les messages reçus, ne les différez pas. Traitez les informations reçues et stockées – que ce soit dans votre boîte mail, votre boîte vocale, votre corbeille à courrier ou votre petit carnet – au moins une fois par jour, et plus fréquemment si nécessaire.

HABITUDE N° 3 : PLANIFIER

Fixez-vous des priorités quotidiennes et hebdomadaires. Accomplissez ces choses hyperimportantes en début de journée pour ne plus avoir à y penser et être sûrs qu'elles seront traitées.

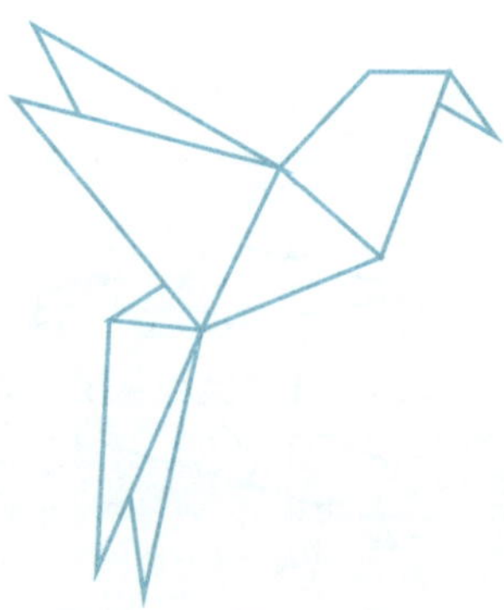

HABITUDE N° 4 : FAIRE

Faites une chose à la fois, sans vous laisser détourner. Éliminez toutes les sources de distraction, puis concentrez-vous simplement sur votre tâche aussi longtemps que possible. N'essayez pas d'être multitâches, c'est-à-dire de faire plusieurs choses à la fois.

Ce que la méthode ZTD version minimaliste laisse de côté

Cette version simplifiée laisse de côté 6 habitudes : s'assurer un système de listes simples, tout organiser, faire le point toutes les semaines, simplifier vos tâches et vos projets, vous créer des rituels et trouver votre passion.

Même si je pense que ces 6 habitudes sont utiles, elles ne sont pas absolument indispensables à un système minimaliste.

Comment l'appliquer et avec quoi ?

Vous avez besoin de deux outils seulement : un carnet ou un petit bloc-notes et un stylo. C'est tout.

Mode d'emploi :

1. Utilisez votre calepin pour y écrire toutes les choses à faire auxquelles vous pensez. Ainsi vous ne les oublierez pas et vous ferez de la place dans votre tête pour autre chose.

2. Lorsque vous allez au bureau ou rentrez chez vous, transférez ces notes sur votre *to-do list* principale, que vous pouvez, d'ailleurs, garder aussi dans votre calepin.

3. Tous les matins, consultez votre liste et cochez 1 à 3 TPJ que vous voudriez accomplir dans la journée. Voilà votre seul et unique système de planification ! Vous n'avez besoin de rien d'autre.

4. Accomplissez ces TPJ le plus tôt possible. Pendant que vous vous consacrez à une tâche, éliminez toutes les distractions et concentrez-vous uniquement sur le travail en cours. Ne tombez pas dans le multitâches – faites une seule chose à la fois. Une fois votre tâche réalisée, passez à la suivante.

5. Quand vous avez terminé vos TPJ, consultez votre *to-do list* principale et regardez quelle est la priorité suivante. Procédez comme à l'étape 4 ci-dessus. Et ainsi de suite.

Vous n'avez pas vraiment besoin de 10 listes différentes et, dans ce cas, vous n'avez pas besoin non plus de faire le point toutes les semaines. Je vous suggère de vous fixer un seul objectif pour l'année et de vous concentrer toujours sur la prochaine étape à franchir pour atteindre cet objectif.

Facultatif : ajoutez une ou plusieurs habitudes parmi celles qui ne sont pas prises en compte dans cette version minimaliste du ZTD si vous pensez qu'elles peuvent vous aider.

« Il suffit seulement de 4 habitudes à adopter : collecter, traiter, planifier et faire. Et de deux outils : un petit carnet et un stylo. »

4.
LES 10 HABITUDES ZEN À PRENDRE – UNE PAR UNE

« Commencer est la moitié de chaque action. »

Proverbe grec

L'essentiel du ZTD consiste à adopter les 10 habitudes une par une. L'un des principaux problèmes que posent d'autres systèmes de productivité, probablement sans que les utilisateurs en aient vraiment conscience, c'est de faire changer d'un coup toute une série d'habitudes à la fois.

Ils sont d'abord très enthousiastes et entreprennent de tout changer en même temps, mais ils s'aperçoivent très vite que c'est impossible et qu'ils n'obtiennent aucun résultat. Ils recommencent, mais échouent de nouveau. Un peu comme dans le cas des régimes et des programmes d'exercices – si vous n'adoptez pas des méthodes QUI MARCHENT pour changer vos habitudes, vous irez d'échec en échec et finirez par vous décourager et abandonner.

D'après ma propre expérience, changer d'habitudes ne se fait pas si facilement. Vous pouvez réussir, mais il faut beaucoup d'énergie, de motivation et de concentration. Surtout, il est très difficile de changer toutes ses habitudes à la fois. Je vous recommande donc fortement de commencer par changer une habitude, en suivant une méthode qui a fait ses preuves. Une fois que cette habitude sera prise, passez à une autre.

Cela dit, je sais que cette démarche n'est pas facile. Quand vous adoptez un système de productivité, vous voulez tout faire d'un seul coup. Vous êtes tout excités et hyperenthousiastes ! Croyez-moi, je suis passé par là. Mon conseil : canalisez votre enthousiasme pour adopter une seule habitude à la fois et vous réussirez.

Ce système exige un peu de patience, mais vous ne risquerez pas de vous sentir dépassé et vous aurez beaucoup plus de facilité à le mettre en œuvre. Pour certains, travailler à devenir plus productif et plus organisé peut représenter un grand changement dans leur vie. Personnellement, je suis partisan des changements de vie progressifs et durables – pas des changements éclairs qui ne dureront que quelques semaines.

Si vous maîtrisez déjà assez bien ces premières « bonnes » habitudes et si vous réussissez assez facilement à adopter de nouvelles méthodes, vous pouvez essayer de changer plus d'une habitude à la fois. Mais je ne recommande pas de dépasser 2 ou 3 habitudes à la fois, parce que, plus vous voulez changer de choses simultanément, plus vos chances de succès diminuent. Par exemple, si vous arrivez déjà assez souvent à collecter des informations de façon organisée ou à noter ce qui vous vient à l'esprit, vous pouvez essayer de prendre cette habitude, plus celle de traiter les informations reçues et conservées (dans votre boîte mail, votre boîte vocale ou votre corbeille à courrier). Mais arrêtez-vous là. Faites simple au départ et ajoutez progressivement les autres habitudes à prendre.

Quelles habitudes devez-vous adopter en premier ? Je vous suggère l'ordre que j'ai adopté moi-même, mais ce n'est pas obligatoire du tout. Vous pouvez prendre la liste des habitudes à l'envers ou dans n'importe quel ordre, ou encore créer un algorithme et vous y conformer. Si vous ne suivez pas l'ordre indiqué dans ce livre, voyez quelles habitudes vous seront les plus utiles et donnez-leur la priorité.

« Personnellement, je suis partisan des changements de vie progressifs et durables – pas des changements éclairs qui ne dureront que quelques semaines. »

Rome ne s'est pas faite en un jour et, si vous êtes indisciplinés, inorganisés, improductifs et portés à la procrastination (comme je l'étais moi-même avant – c'est pourquoi je ne fais aucun reproche à personne !), vous ne pouvez pas devenir organisés, productifs et décidés du jour au lendemain. Laissez-vous du temps pour opérer ces changements. À la fin de l'année, si vous commencez maintenant en apprivoisant 1 ou 2 habitudes par mois, vous aurez absorbé toute la liste que je vous propose ici.

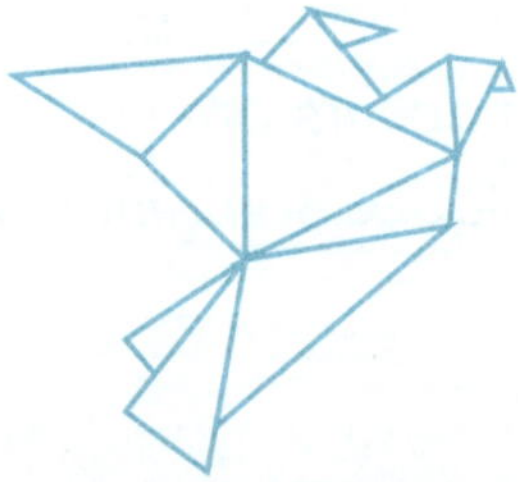

La bonne méthode pour changer ses habitudes

Quelles méthodes pouvez-vous utiliser pour réussir à changer vos habitudes ? En voici quelques-unes des plus importantes :

1. L'engagement. Engagez-vous à changer une première habitude – grand moment ! Et engagez-vous aussi publiquement et officiellement que possible – annoncez-le sur votre blog, rejoignez un forum en ligne et faites part à tout le monde de cette bonne nouvelle, parlez-en à votre famille et à vos amis, tenez vos proches informés de vos progrès en leur envoyant régulièrement des mails. Plus vous aurez de pression – positive dans ce cas, bien sûr –, mieux ce sera.

2. La pratique. Changer ses habitudes est une compétence à acquérir et, comme toute compétence, elle réclame de la pratique. Engagez-vous sur des périodes de 30 jours – c'est-à-dire que tous les jours, pendant 30 jours, vous vous entraînerez à acquérir la nouvelle habitude que vous avez choisie. Persévérez. Si vous avez des ratés, ce n'est pas grave, ne vous autoflagellez pas, réessayez, c'est tout. C'est en forgeant qu'on devient forgeron, comme dit le proverbe.

3. La motivation. Trouvez tous les moyens possibles et imaginables pour vous motiver. Jetez un coup d'œil aux 20 meilleurs boosters de motivation.

4. Le suivi. Notez vos progrès tous les jours – en tenant votre journal, par exemple, avant d'aller vous coucher. Cela peut vous paraître contraignant, mais vous augmenterez ainsi vos chances de réussite. Vous serez heureux de constater combien vous avez avancé de jour en jour.

5. Le soutien. Rejoignez un groupe en ligne ou travaillez à votre changement d'habitudes avec un(e) partenaire. Si vous trouvez des volontaires, encouragez d'autres personnes à faire l'expérience en même temps que vous, ce sera beaucoup plus facile.

6. Les récompenses. Dès le départ, récompensez-vous souvent – au bout de 3 jours, puis au bout d'une semaine, quatre fois de suite (pour faire 28 jours), puis offrez-vous une grosse récompense à la fin de vos 30 jours si vous avez réussi votre défi.

7. La concentration. La condition fondamentale est que vous restiez focalisé sur la nouvelle habitude à prendre pendant la période de 30 jours. C'est pourquoi il est si difficile de grouper plusieurs habitudes – vous relâchez votre attention et vous laissez distraire. Si vous sentez que vous perdez votre concentration, trouvez des moyens de vous recentrer. Affichez des pense-bête près de votre bureau, dans tout l'appartement ou sur votre fond d'écran. Envoyez-vous des mails de rappel. Quelle que soit la méthode employée, restez fixés sur votre objectif comme un rayon laser !

8. La pensée positive. C'est peut-être l'outil de changement le plus important. Si vous vous dites que vous en êtes capables, que « ça va le faire », alors vous y arriverez. Éliminez toutes les pensées négatives et remplacez-les par des positives. VOUS EN ÊTES CAPABLES ! Relisez ce huitième point aussi souvent que nécessaire.

« Laissez-vous du temps pour opérer ces changements. À la fin de l'année, si vous commencez maintenant en apprivoisant 1 ou 2 habitudes par mois, vous aurez absorbé toute la liste que je vous propose ici. »

HABITUDE N° 1 : COLLECTER

« La raison principale du stress que vous éprouvez n'est pas d'avoir trop à faire, mais de ne pas finir ce que vous avez commencé. »

David Allen

Trop souvent, nous pensons à un truc, nous recevons un mail, un courrier… une tâche administrative arrive sur notre bureau, de la paperasse à traiter… on nous communique un numéro de téléphone, on nous donne un rendez-vous pendant que nous sommes occupés à faire autre chose… et hop ! ces informations, ces idées disparaissent, on les égare ou elles sont reléguées au fond d'un tiroir… et nous n'y pensons plus.

Le problème, c'est que nous n'avons pas de système pour collecter toutes les informations, tous les papiers, tous les mails qui arrivent dans notre vie, chaque jour, et pour les organiser de façon systématique.

Pour résoudre ce problème, nous allons essayer de trouver un endroit où collecter ce que nous recevons et de prendre l'habitude de noter tout par écrit, immédiatement, au lieu de compter sur notre cerveau pour stocker les informations dans sa mémoire. Si nous prétendons nous fier à notre cerveau pour ne rien oublier, c'est peine perdue et nous serons vite dépassés par l'ampleur de la tâche… car notre cerveau a une fâcheuse tendance à oublier ce dont nous avons besoin au moment où nous en avons besoin.

L'habitude de collecter l'information est simple à prendre : ayez quelques endroits – très peu – où regrouper les infos et la paperasserie, et tenez-vous-en à ce choix.

Pour les papiers, courriers, documents et autres qui vous arrivent à votre bureau, ne gardez qu'un seul endroit où les accumuler : une corbeille à courrier ou un bac à documents. Ne fourrez jamais un papier dans un tiroir, ne collez jamais un Post-it quelque part sur votre ordinateur, n'ajoutez jamais un courrier à la pile de paperasse que vous avez déjà. Utilisez exclusivement une corbeille à courrier ou un bac à documents.

Vous devez avoir également un « point de collecte » chez vous pour y rassembler votre courrier postal (lettres, factures, documents administratifs, etc.), ainsi que tout ce que vous rapportez de vos courses : reçus, tickets de caisse, etc. C'est le meilleur moyen de ne jamais rien perdre.

Pour le courrier électronique, essayez de n'avoir qu'un seul compte (pour éviter les confusions). Probablement recevez-vous ailleurs des informations en ligne que vous vérifiez tous les jours – votre compte Facebook, les forums, etc. Vous devez considérer toutes vos informations reçues de la même manière. Moins vous en avez, mieux c'est.

Nous verrons au chapitre suivant comment vous devez gérer toutes les informations reçues et les « vider ». C'est l'habitude n° 2 : Traiter. Pour le moment, prenez juste conscience de cet ensemble d'informations et essayez de les rassembler dans des endroits fixes chez vous et à votre lieu de travail.

« Nous allons essayer de trouver un endroit où collecter ce que nous recevons et de prendre l'habitude de noter tout par écrit, immédiatement, au lieu de compter sur notre cerveau pour stocker les informations dans sa mémoire. »

Votre support d'écriture : carnet ou petit bloc-notes

Mais nous devons aussi penser à disposer d'un « point de collecte » des idées, des informations reçues alors qu'on est sur la route, des tâches qu'on ne doit pas oublier d'accomplir, des notes en réunion, etc. Bref, tout ce qui arrive sous une forme qui n'est ni écrite ni enregistrée. Autrement dit, sous une forme verbale et immatérielle.

Jusqu'à présent, vous comptiez peut-être sur votre cerveau pour retenir tous ces éléments. Malheureusement, votre cerveau est un outil défectueux. Il oublie des choses quand vous en avez besoin et se les rappelle quand vous n'en avez plus besoin.

C'est pourquoi nous allons prendre l'habitude d'extraire les informations utiles de notre cerveau et de les sauvegarder sous forme écrite. Ayez toujours sur vous un carnet ou un petit bloc-notes (ou n'importe quel autre support d'écriture qui vous convient) et notez-y les tâches, les idées, les projets ou toute information qui vous traversent l'esprit. En les sortant de votre tête et en les inscrivant sur papier, vous ne risquez pas de les oublier.

Quand vous êtes en réunion et qu'il vous vient à l'idée quelque chose que vous devrez faire ultérieurement, notez-le. Quand votre boss vous appelle pour vous demander de travailler sur un projet, notez ce qu'il vous dit. Quand quelqu'un vous donne un numéro de téléphone ou une adresse mail au cours d'un événement social, notez ces informations. Vous comprenez le principe ?

La méthode ZTD vous demande de choisir un outil simplissime, que vous pouvez emporter partout avec vous, et facile à utiliser. Si je vous recommande un carnet de notes ou un petit bloc de fiches cartonnées, c'est parce que ces supports sont beaucoup plus commodes à manipuler et à transporter (ils tiennent dans la poche !) qu'un PDA (assistant personnel) ou une tablette. Lorsque vous allez au bureau ou rentrez chez vous, transférez vos notes sur votre *to-do list* (une *to-do list* rudimentaire suffit largement pour le moment – par la suite, vous pourrez prendre l'habitude des listes par catégories).

Un choix très apprécié en général, mais qui n'a rien d'obligatoire : le carnet Moleskine. C'est mon outil de choix pour noter tout ce dont je dois me souvenir parce qu'il est compact (je peux l'emporter partout avec moi), résistant et esthétique. J'adore écrire dedans. Mais n'importe quel autre carnet peut faire l'affaire. Vous pouvez aussi essayer le Hipster PDA, un assistant personnel papier constitué de fiches d'indexation maintenues ensemble au moyen d'une pince.

« La méthode ZTD vous demande de choisir un outil simplissime, que vous pouvez emporter partout avec vous, et facile à utiliser – un carnet ou un petit bloc de fiches cartonnées sont l'idéal. »

Pour cette première habitude, je vous conseille plutôt le support papier que le support numérique, mais si vous préférez un PDA électronique ou un smartphone, c'est OK. Si je pense que le papier fonctionne mieux, c'est parce que c'est un outil beaucoup plus rapide – l'outil numérique, vous devez le sortir, l'allumer, choisir le bon programme, cliquer sur une entrée et, enfin, écrire. Un carnet, il vous suffit de l'ouvrir, de prendre le stylo et d'écrire. Je pense que plus un outil est simple et facile, plus vous aurez envie de l'utiliser. Mais chacun ses préférences.

La clé de la réussite est de noter tout, tout de suite, avant d'oublier, et de transférer ce que vous avez noté dès que vous rentrez chez vous ou arrivez au bureau. Ces deux étapes doivent se faire sans attendre, sinon, vous risquez d'encombrer votre cerveau, d'oublier des choses, inévitablement, et d'accumuler les notes.

Quel que soit le système de collecte que vous choisissez, vous devez l'avoir toujours sur vous, avec vous, pour y jeter vos idées immédiatement, dès qu'elles apparaissent. Au chevet de votre lit, dans les magasins, à l'hôpital si vous êtes hospitalisés, bref, partout.

Cette habitude simple de collecter toutes les informations qui vous arrivent va beaucoup améliorer votre organisation et, au bout du compte, votre productivité. Vous allez cesser d'oublier des choses, de perdre l'information et vous saurez toujours et tout le temps où sont les informations.

« Cette habitude simple de collecter toutes les informations qui vous arrivent dans un petit carnet va beaucoup améliorer votre organisation et, au bout du compte, votre productivité. »

HABITUDE N° 2 : TRAITER

« Il y a plus à faire de la vie que d'augmenter sa vitesse. »

Gandhi

Une fois que vous avez pris l'habitude de collecter les informations dans un nombre limité de «points de collecte» chez vous, à votre bureau et partout où vous allez – à l'aide d'une corbeille à courrier ou d'un bac à documents, d'un compte utilisateur (le moins de comptes possible sera le mieux) et d'un petit carnet qui vous suit partout–, la question est la suivante: que faites-vous de tout ce que vous avez collecté?

Vous le traitez. Ce qui veut dire que vous prenez rapidement des décisions pour chaque chose jusqu'à ce que tous vos points de collecte soient vides ou que tous les éléments notés sur votre carnet soient traités. C'est ainsi que vous les éliminez au fur et à mesure.

Traitez pour vider

Laisser les choses s'accumuler, c'est faire de la procrastination et repousser sans cesse les décisions à prendre. Si vous traitez vos points de collecte, prenez des décisions rapides et mettez chaque chose là où elle doit aller, vous n'amassez pas. Alors traitez vos informations au moins une fois par jour, et plus souvent si nécessaire.

Premièrement, réduisez vos points de collecte au minimum. Chaque endroit où vous devez aller vérifier vos messages ou lire les informations reçues est un point de collecte. Plus vous en avez, plus vous aurez du mal à les gérer. Alors limitez-les autant que possible. Faites la liste de tous les moyens par lesquels vous recevez des informations et évaluez chacun pour voir s'il vous ajoute de la valeur. Et essayez de combiner ou d'éliminer des points de collecte. Si une chose n'est pas créatrice de valeur, pensez à la rayer de votre existence. Voyez si vous pouvez vous en passer pendant une semaine.

Par ailleurs, pourriez-vous combiner plusieurs flux d'informations en un seul point de collecte ? Par exemple, dans combien d'endroits mettez-vous chez vous les papiers que vous recevez ? Préférez un seul point de collecte dans votre maison ou votre appartement pour l'ensemble du courrier, documents administratifs, factures, sorties papier, etc. Vous avez quatre comptes de messagerie ? Peut-être pouvez-vous les regrouper en un seul compte. Moins vous aurez de points de collecte, mieux ce sera : 4 à 7 points de collecte en tout sont amplement suffisants.

Deuxièmement, gérez vos points de collecte. Cette étape sera familière à ceux qui me lisent depuis longtemps, mais je le répète : ne laissez pas vos points de collecte déborder. Vous allez accumuler les tâches et les informations à traiter, accumuler les retards et, du coup, être hyperstressés. Alors apprenez à gérer.

Vérifiez et traitez vos points de collecte une fois par jour. Pour certains, plusieurs fois par jour est nécessaire (personnellement, je vérifie mes mails toutes les heures), mais cela ne doit pas tourner à l'obsession. Consulter constamment ses points de collecte est une perte de temps et de productivité. Mais moins d'une fois par jour, ce n'est pas bon non plus, car vous risquez de laisser les infos s'entasser. Et il n'y a rien de pire que les montagnes d'infos pour vous stresser ou vous déprimer.

« Laisser les choses s'accumuler, c'est faire de la procrastination et repousser sans cesse les décisions à prendre. »

Voici comment procéder :

1. Traitez les choses de haut en bas et prenez des décisions immédiates. Commencez par la première chose à traiter dans votre point de collecte – celle qui est en haut ou au-dessus de la pile – et prenez une décision immédiatement. Ne l'ignorez pas ou ne la remettez pas à plus tard.

2. Supprimez la question. Si vous n'en avez pas besoin, supprimez-la ou jetez-la à la poubelle.

3. Déléguez-la. Est-ce à vous de vous en occuper ? Si vous n'êtes pas la bonne personne, envoyez cette tâche à accomplir à quelqu'un d'autre pour vous en débarrasser.

4. Agissez immédiatement. Si la tâche vous prend 2 minutes ou moins, faites-la, tout simplement, au lieu de l'ajouter à votre *to-do list*.

5. Remettez à plus tard. Si la tâche prend plus de 2 minutes, ajoutez-la immédiatement à votre *to-do list* pour l'accomplir plus tard.

6. Archivez. Si quelque chose n'a pas à être conservé pour information, procédez immédiatement à son archivage. N'utilisez pas de dossier « Divers » ou de dossier « À classer » – ce serait juste différer la décision. Ne laissez pas s'accumuler les choses à ranger ou à classer – archivez-les aussitôt dans le bon dossier.

7. Dans tous les cas, ne laissez pas ce sujet dans l'un de vos points de collecte. Supprimez-le ou archivez-le. Traitez chaque sujet l'un après l'autre jusqu'à ce que vos points de collecte soient vides. Note : si vous avez accumulé des centaines de choses dans vos points de collecte, mettez-les toutes dans un dossier à traiter ultérieurement (et prévoyez deux ou trois heures pour le faire).

8. Répétez le processus jusqu'à ce que tous vos points de collecte soient vides. Si vous les avez réduits au strict nécessaire, ce ne devrait pas être trop difficile. Quand vos points de collecte sont vides, fêtez ça ! C'est un sentiment formidable. Mais rappelez-vous : ne les vérifiez pas tout au long de la journée – programmez un créneau pour les traiter – et, surtout, renoncez au service de notification instantanée qui vous prévient de l'arrivée de nouveaux messages.

HABITUDE N° 3 : PLANIFIER

« Passez un peu de temps seul chaque jour. »

Le dalaï-lama

Vous avez donc une liste de choses à faire et toute une journée devant vous. Que faites-vous aujourd'hui ?

Les décisions que vous prenez sur ce que vous allez faire chaque semaine, chaque jour et à chaque moment constituent un processus appelée flux de travail. Dans la méthode ZTD, je vous suggère de prendre le flux de travail non structuré et au coup par coup de la méthode GTD et d'en faire une structure optimale.

Pourquoi mieux structurer les choses et planifier sa journée et sa semaine ? Parce que sinon, on se retrouve à la merci des circonstances et on risque d'être ballotté au gré du vent, réagissant à toutes les sollicitations au lieu de décider de ce qui est important et qu'on veut vraiment accomplir. Prenez le contrôle de votre journée au lieu de laisser les besoins, les désirs et les priorités des autres la contrôler pour vous.

Maintenant, nous avons tous un style de travail différent. Si la structure ne vous convient pas, essayez le coup par coup de la méthode GTD, qui n'est pas une mauvaise méthode, bien au contraire.

La méthode ZTD vous propose le déroulement des opérations suivant :

Chaque semaine, faites la liste de vos tâches prioritaires de la semaine (TPS) et programmez-les en premier. Chaque matin, établissez une liste de vos tâches prioritaires du jour (TPJ). Choisissez-en 1 à 3 – et débrouillez-vous pour les réaliser. Accomplissez vos priorités du jour le plus tôt possible dans la journée pour vous en débarrasser – ce qui est fait n'est plus à faire.

C'est l'une des habitudes les plus simples de la méthode ZTD, mais aussi l'une des plus importantes. Pourquoi ? Parce qu'elle donne un but à votre journée et à votre semaine. Au lieu de vous efforcer d'accomplir un maximum de tâches figurant sur votre *to-do list,* vous réglez celles qui comptent le plus.

Bien sûr, vous en ferez d'autres aussi, et pas seulement les prioritaires, mais cela vous permet d'identifier celles que vous voulez vraiment accomplir – celles que vous serez fiers d'avoir accomplies, le soir, en repensant à votre journée. Souvent, nous bossons dur, nous faisons des tonnes de choses ; et puis, avec le recul, nous nous apercevons que nous n'avons finalement pas abouti à grand-chose.

Voici quelques conseils pour vous aider à prendre cette habitude :

1. Définissez les TPS – les tâches prioritaires de la semaine. Au début de chaque semaine (le dimanche ou le lundi), asseyez-vous pour regarder votre *to-do list*. Quelles tâches voulez-vous accomplir cette semaine ? Ce seront vos priorités, vos « Big Rocks », vos gros rochers, comme les appelle Stephen Covey dans son livre *Les 7 Habitudes des gens qui réussissent tout ce qu'ils entreprennent*. Vous devrez vous occuper de ces tâches en premier, avant toute autre. En effet, si vous remplissez d'abord votre agenda de petits cailloux, il ne vous restera plus de place pour les gros rochers. Au départ, essayez de ne pas avoir plus de 4 à 6 TPS – par la suite, lorsque vous évaluerez mieux ce dont vous êtes capables, vous pourrez en ajouter. Et veillez à y inclure au moins 2 ou 3 tâches qui feront avancer vos objectifs annuels.

« Prenez le contrôle de votre journée au lieu de laisser les besoins, les désirs et les priorités des autres la contrôler pour vous. »

2. Programmez-les. Inscrivez vos TPS dans votre programme de la semaine. Programmez-en seulement une ou deux par jour pour ne pas être submergés. Réservez-leur un créneau de une à deux heures, tôt dans la journée si possible. Maintenant que vous avez bloqué ces tâches, vous pouvez en programmer d'autres.

3. Définissez-les. Chaque matin, déterminez quelles seront vos TPJ. Ce seront probablement aussi vos priorités de la semaine, même si les choses peuvent changer et faire apparaître des priorités du jour différentes. Choisissez environ 3 TPJ – elles peuvent inclure une TPS et deux ou trois autres tâches importantes. Bloquez un créneau pour les réaliser tôt si possible – si vous les programmez plus tard dans la journée, vous risquez d'être pris par d'autres choses.

4. Accomplissez-les. Passons maintenant à l'aspect le plus important : la réalisation. Première chose à faire dès le matin, avant même de consulter vos mails : réaliser votre première TPJ. Éliminez toutes les distractions et focalisez-vous sur cette tâche jusqu'à

> *« Chaque matin, déterminez quelles seront vos tâches prioritaires du jour (TPJ). »*

ce qu'elle soit terminée. Une fois qu'elle est accomplie, récompensez-vous… et passez sans tarder à la deuxième TPJ !

5. Regardez en arrière et savourez. Vous allez ressentir une grande satisfaction d'avoir réalisé vos TPJ. Félicitez-vous et récompensez-vous.

HABITUDE N° 4 : FAIRE

« Parler ne fait pas cuire le riz. »

Proverbe chinois

Faire est la clé de la méthode ZTD. C'est l'habitude qui manque dans beaucoup d'autres systèmes de productivité, et pourtant, c'est la plus importante. Tout le reste ne sert à rien si vous ne faites pas les choses inscrites sur votre *to-do list*.

Le *faire* passe avant le système, les outils, la planification et les *to-do lists*.

Avec la méthode ZTD, vous accomplissez vos tâches une par une, à l'exclusion de tout le reste. Ne faites pas plusieurs choses à la fois et ne vous laissez pas interrompre. Trop souvent dans la journée nous consultons nos mails, répondons à des coups de téléphone, discutons avec des gens qui viennent dans notre bureau – tout cela au détriment de la tâche que nous sommes censés être en train d'accomplir.

Résultat : les choses n'avancent pas. Faire une seule chose et se concentrer sont les clés de la réussite.

Voici quelques conseils pour vous aider à vous concentrer sur ce que vous avez à faire.

1. **Choisissez une TPS.** Sélectionnez de préférence l'une de vos TPJ et décidez de travailler sur cette tâche soit jusqu'à la terminer, soit pendant un temps défini (disons 30 minutes).

2. **Enfermez-vous provisoirement dans votre bulle.** Avant de commencer, éliminez toutes les sources de distraction. Fermez votre boîte mail, éteignez votre téléphone portable et, si possible, déconnectez votre ordinateur (sinon, fermez juste tous les onglets inutiles), puis dégagez tout ce qui encombre votre bureau. Bref, créez votre bulle.

3. **Programmez la durée d'exécution de votre tâche et travaillez à fond.** Si vous le souhaitez, utilisez un minuteur ; sinon, focalisez-vous sur l'exécution de votre tâche le plus longtemps possible. Ne répondez à aucune sollicitation extérieure.

4. **Gérez les interruptions.** Si vous êtes interrompus, notez par écrit toute demande, toute info ou toute nouvelle tâche sur votre carnet ou fourrez le document dans votre corbeille à courrier, puis revenez à la tâche en cours. N'essayez pas de faire plusieurs choses à la fois.

5. Si vous avez très envie de consulter vos mails ou de passer à une autre tâche, arrêtez-vous. Respirez profondément. Reconcentrez-vous. Et reprenez la tâche en cours.

6. Gérez les urgences. Il arrive que vous soyez vraiment obligés de vous arrêter et qu'en raison de cette urgence, vous ne puissiez pas terminer votre tâche en cours. Dans ce cas, et si c'est possible, notez où vous en êtes, rassemblez tous les documents ou notes relatifs à cette tâche et mettez-les de côté (dans un dossier intitulé « Faire » ou « Projet en cours », par exemple). Ainsi, lorsque vous vous remettrez au travail, vous n'aurez qu'à sortir ce dossier et compulser vos notes pour voir où vous en étiez restés.

7. Relaxez-vous. Faites plusieurs respirations profondes, étirez-vous et accordez-vous quelques pauses de temps en temps. Profitez de la vie. Sortez prendre l'air, appréciez la nature, menez une vie saine.

« Tout le reste ne sert à rien si vous ne faites pas les choses inscrites sur votre to-do list. »

8. Poussez un soupir de satisfaction et savourez le travail accompli. Dès que vous avez terminé, félicitez-vous ! Récompensez-vous en allant consulter vos mails ou lire des blogs – mais limitez-vous à 10 minutes de « récréation » avant de passer à la tâche suivante. Ne vous laissez pas déborder par le temps – il est si facile de se déconcentrer et de glander pendant des heures !

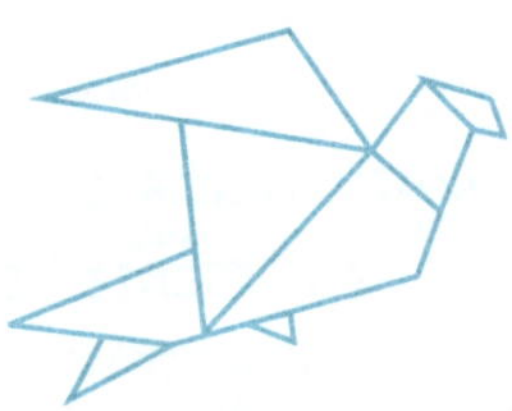

Résoudre les problèmes d'exécution

Si vous rencontrez des résistances qui vous empêchent de réaliser les tâches inscrites sur votre liste, voici quelques solutions à appliquer :

1. **Fractionnez.** Dites-vous que vous allez travailler seulement 5 minutes sur tel sujet. Se représenter une petite quantité de travail est nettement moins intimidant.

2. **Mettez-vous-y.** Le plus dur est de vous y mettre. Une fois que vous y êtes, il est plus facile de continuer. Alors dites-vous que la seule chose à faire, c'est de prendre sur vous pour démarrer. J'aime bien comparer ce comportement à ma philosophie du running : au lieu de me dire que je vais devoir courir une demi-heure, je me dis que je n'ai qu'à lacer mes baskets et sortir de chez moi. Après, c'est facile. Faites la même chose avec n'importe quelle tâche – mettez la machine en marche et faites les premiers gestes (par exemple, commencez la frappe sur clavier). Le reste suivra.

3. **Récompensez-vous.** Ne vous autorisez pas à consulter vos mails (ou à vous récompenser autrement) avant d'avoir travaillé au moins 10 minutes (ou 15 ou 20 minutes, peu importe) sur une tâche donnée. Programmez

un minuteur. Une fois les 10 minutes écoulées, accordez-vous 5 minutes de récompense – mettez le minuteur, là aussi. Puis répétez.

4. Enthousiasmez-vous. C'est un conseil qui marche pour tout. Si vous êtes enthousiastes, vous exécuterez la tâche beaucoup plus facilement. Par exemple, j'ai adoré ces lignes que vous êtes en train de lire, et j'étais excité à l'idée de les écrire. Dès que j'en ai eu l'occasion, je me suis assis pour les rédiger et je n'ai fait qu'une courte pause. Mais comment s'enthousiasmer pour une tâche ? Essayez de lui trouver un aspect excitant. Va-t-elle vous rapporter de l'argent ? Que ferez-vous avec cet argent ? Va-t-elle vous apporter de nouveaux clients, de nouvelles occasions, une nouvelle reconnaissance ? Si vous ne lui trouvez rien de passionnant, demandez-vous si elle est vraiment importante, au fond – et si elle ne l'est pas, trouvez un moyen de ne pas la faire. Parfois, l'éliminer (ou la déléguer ou la différer) est la meilleure option.

5. Arrêtez de vous focaliser sur des aspects négatifs. Au lieu de vous focaliser sur la difficulté d'une tâche ou sur tous les obstacles que vous rencontrez en l'exécutant, essayez de considérer ses aspects positifs. Pensez à la chance que ce projet représente… une occasion d'apprendre, de vous améliorer, de gagner plus d'argent, de fidéliser un client, de vous faire de nouvelles relations, d'obtenir une reconnaissance à long terme, d'améliorer vos chances de promotion, etc. C'est aussi un moyen de vous enthousiasmer. Si vous voyez les avantages plutôt que les problèmes, vous serez moins terrifiés par l'ampleur de la tâche et aurez davantage envie de l'accomplir.

6. Engagez-vous. Si la motivation est votre problème, engagez-vous à avancer dans la réalisation de votre objectif ou de votre projet aujourd'hui ou chaque jour de cette semaine. Annoncez-le à votre famille et à vos amis, écrivez-le dans votre blog ou rejoignez le forum Zen Habits. Puis engagez-vous à raconter aux autres ce que vous avez fait aujourd'hui.

« Une fois que vous y êtes, il est plus facile de continuer. Alors dites-vous que la seule chose à faire, c'est de prendre sur vous pour démarrer. »

HABITUDE N° 5 : ÉTABLIR UN SYSTÈME SIMPLE ET FIABLE

« Simplifiez, simplifiez, simplifiez. »

Thoreau

L'une des clés dans n'importe quel système de gestion du temps est la *to-do list*. Elle vous permet d'organiser toutes les tâches que vous ne pouvez pas faire sur le moment. Ainsi, vous ne perdez jamais de vue ce que vous devez faire.

La méthode GTD de David Allen vous demande de répartir vos tâches en différentes *to-do lists* appelées « listes par catégories » telles que @travail, @ordinateur @maison @appels @courses, etc. L'intérêt, c'est que lorsque vous êtes dans un contexte donné, vous n'avez qu'à prendre connaissance des tâches correspondantes à faire au lieu de parcourir une longue liste largement infaisable sur le moment.

Avec la méthode ZTD, il est important d'établir un système simple que vous utiliserez réellement, un système auquel vous ferez confiance pour conserver l'information.

Voici les trois composantes d'un système simple et fiable :

1. **Configuration.** Un système simple doit comprendre des points de collecte, un agenda, des listes et un système de référence.

2. **Outils.** Vous devez utiliser des outils très simples pour limiter la maintenance du système.

3. **Usage.** Enfin, le plus important est que vous utilisiez vraiment ce système et preniez l'habitude d'en faire usage tous les jours.

La configuration

La méthode ZTD préconise d'utiliser les listes dont vous avez besoin tout en simplifiant le système au maximum. Bien que le concept des listes par catégories soit utile, ces listes peuvent être difficiles à utiliser. Le mieux est, je pense, d'en avoir le moins possible. Un bon modèle de configuration pourrait ressembler à cela :

@travail : pour tout ce qui se rapporte au travail.

@perso : pour toutes vos tâches personnelles.

@courses : pour votre liste de courses.

@appels : pour vos appels téléphoniques.

@en attente : une liste utile pour les « affaires à suivre », en attente, les choses auxquelles vous devez donner suite.

@un jour/éventuellement : liste des choses que vous ne voulez pas ou ne pouvez pas faire maintenant, mais que vous voulez pouvoir consulter par la suite.

Quel que soit votre mode d'organisation, rappelez-vous qu'il ne s'agit pas de vos *to-do lists* quotidiennes. Les listes Travail et Perso sont juste des listes principales que vous pouvez extraire de vos TPJ et de vos TPS (voir page 79). Quant aux listes Courses, Appels et En attente, vous pouvez les consulter aussi souvent que nécessaire, bien sûr. Si vous en avez besoin, vous pouvez aussi créer une liste Projets pour suivre l'évolution de vos projets.

Les autres composantes d'un système, outre les listes, sont les points de collecte (voir page 61), un agenda et un système simple d'archivage.

« Utilisez les listes dont vous avez besoin tout en simplifiant le système au maximum. »

Les outils

De nombreux outils du GTD (Kinkless, stikkit, Outlook, Remember the Milk, etc.), pourtant très populaires, ont l'inconvénient de compliquer un peu la méthode. En vérité, vous avez seulement besoin de listes.

Beaucoup de personnes passent leur temps à bidouiller leurs outils, créer des systèmes compliqués, changer d'outils et de systèmes toutes les semaines ou tous les quinze jours au lieu de FAIRE les choses. La méthode ZTD, elle, vous demande d'utiliser les outils le plus simples possible, puis de les oublier. ZTD s'intéresse au *faire*, à l'accomplissement des tâches, pas aux outils.

Question : quel outil utiliser pour gérer vos listes ? Voici mes recommandations – les gestionnaires de tâches les plus simples et les plus efficaces.

- **Simple GTD :** C'est mon favori et celui que j'utilise maintenant. Avant, j'utilisais Tracks, simple également et très performant, mais j'ai changé récemment parce que je voulais quelque chose d'encore plus simple. Simple GTD vous offre tout ce dont vous avez besoin, une interface agréable et zéro fioriture. Manipulez-le, amusez-vous avec – l'interface est extrêmement intuitive et vous n'avez pas besoin de manuel d'utilisation. Il n'a pas beaucoup de fonctions, mais c'est justement son intérêt.

• **Le carnet Moleskine :** Autre favori. Mais n'importe quel carnet ou bloc-notes qui tient dans votre poche fera l'affaire. La facilité d'utilisation d'un carnet (vous n'avez pas à l'allumer, à le charger ni à presser un bouton !) est parfaite pour gérer les tâches au quotidien. Et le Moleskine possède un attrait supplémentaire : il est esthétique et très agréable à manipuler. Je vous le recommande fortement !

• **Hipster PDA :** Populaire auprès des infidèles au GTD, le Hipster PDA (littéralement le PDA « hippie », retour à la simplicité et à la liberté !) est un assistant personnel basique et d'une grande portabilité. Il est constitué d'un bloc de fiches cartonnées reliées avec une pince. Vous pouvez trouver des modèles imprimables en ligne ou écrire simplement vos listes dessus. L'avantage, c'est que vous pouvez détacher les fiches remplies et les remplacer par des fiches vierges à n'importe quel moment.

• **Tadalist :** Peut-être l'outil le plus simple de tous – le Tadalist est uniquement un programme de listes de tâches. Pas de fioritures, même si l'interface est agréable (elle a été conçue par les types qui ont inventé Backpack et Basecamp). Créez autant de listes que vous le souhaitez, imprimez-les si nécessaire, consultez uniquement la catégorie dont vous avez besoin. Le meilleur de la simplicité.

- Todoist: Un autre gestionnaire de tâches simple et efficace qui possède quelques fonctions supplémentaires, mais rien de compliqué. Je ne l'utilise pas, tout simplement parce que je n'aime pas l'interface de contour, mais elle peut plaire à certains d'entre vous. En tout cas, elle mérite que vous y jetiez un œil.

Une fois que vous avez sélectionné un outil, créez vos listes et restez dans la simplicité !

Autres outils :

- **Un agenda:** Je vous suggère Google Calendar, 30 Boxes, Outlook ou un agenda papier.

- **Un système de référence:** Pour archiver vos documents papier, utilisez des chemises en carton kraft classées par ordre alphabétique et rangées dans un seul tiroir. Créez un dossier pour chaque projet, chaque client et/ou chaque sujet. Si vous préférez un archivage numérique, utilisez un système aussi simple que l'archivage papier, ou contentez-vous d'archiver vos documents et de les rechercher lorsque vous en avez besoin.

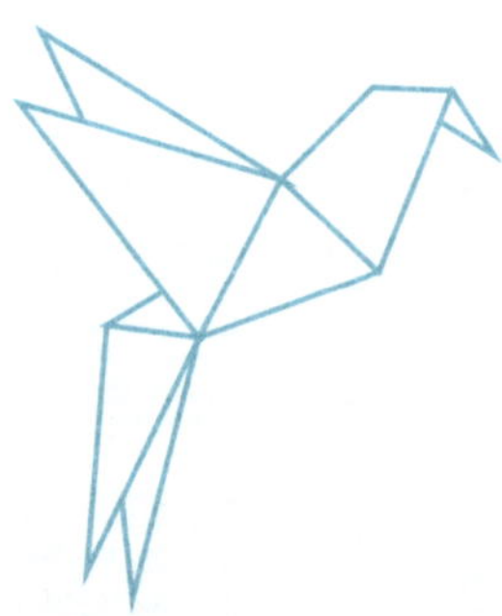

L'usage

La troisième composante d'un système simple et fiable, et la plus importante, vraiment (plus importante que l'outil que vous utilisez), est l'usage que vous en faites. Vous devez consulter vos listes tous les jours.

Selon moi, la vérification de vos listes doit faire partie d'un rituel quotidien (vous en saurez plus à ce sujet page 135) et être effectuée le matin et le soir ; vos listes d'appels téléphoniques et de courses peuvent, elles, être consultées à tout moment si nécessaire. Ce n'est pas une habitude très difficile à prendre, mais sur laquelle vous devez vous concentrer pendant 30 jours. Parce que, une fois que vous prenez l'habitude de consulter vos listes tous les jours, votre vie devient beaucoup plus organisée et productive.

« La méthode ZTD vous demande d'utiliser les outils le plus simples possible, puis de les oublier. »

« Parce que, une fois que vous prenez l'habitude de consulter vos listes tous les jours, votre vie devient beaucoup plus organisée et productive. »

HABITUDE N° 6 : ORGANISER

« Le meilleur moyen de prédire votre avenir, c'est de le créer. »

Stephen R. Covey

L'un des plus vieux truismes en matière d'organisation, mais peut-être le plus important de tous: «Une place pour chaque chose et chaque chose à sa place.»

Pourquoi est-il si populaire? Parce qu'il marche. Comment prendre cette habitude et ne plus jamais rien perdre? Réponse ici.

Y a-t-il toujours des papiers éparpillés sur votre bureau? Êtes-vous toujours en train de chercher vos clés de voiture? Savez-vous, à cet instant, où se trouve chaque objet de votre environnement immédiat?

Votre vie peut être totalement organisée autour d'une seule règle: mettre chaque chose à sa place. C'est une habitude que j'essaie d'inculquer à mes enfants pour ne pas avoir à être tout le temps derrière eux, à ramasser ceci et cela, et parce que c'est l'une des habitudes les plus utiles qui puissent exister.

Voici comment procéder :

• **Ayez un système fonctionnel.** Mettez tous les papiers que vous recevez dans vos points de collecte au travail et à la maison. Puis traitez ces points de collecte, soit en accomplissant vos tâches, soit en les mettant sur une *to-do list* (et chacune dans un dossier « Tâche en cours »), soit en les archivant, soit en les faisant suivre, soit en les supprimant (direction poubelle). Avec ce système, vous savez toujours quoi faire puisque vous avez un choix d'options limité.

• **Trouvez la place de chaque chose.** Si vous vous apprêtez à mettre quelque chose sur la table, le bar ou le bureau, ou à balancer un papier sur le canapé du salon ou sur votre lit, demandez-vous : est-ce bien sa place ? Où est sa place ? S'il n'a pas encore de place attribuée, trouvez-lui-en une. Désignez un endroit pour ce document ou cet objet, ou pour ce type de document ou d'objet. Les clés de voiture ? Mettez-les toujours au même endroit. Le linge sale ? Il n'a pas à atterrir sur votre lit...

• **Ayez un système d'archivage simple.** Une fois que vous avez traité vos papiers, il vous faut un endroit où les archiver. Ne posez pas une pile de dossiers quelque part – créez un système d'archivage simple (l'ordre alphabétique est le plus commode, mais vous pouvez trier les documents selon un système hexadécimal si vous êtes un geek!). Ayez toujours des étiquettes et des chemises sous la main pour pouvoir constituer rapidement un dossier si nécessaire, et n'ayez pas peur d'en créer de nouveaux. À proscrire: le dossier « Divers ». Vous pourriez aussi bien le nommer « Procrastination ».

• **Rangez le dossier immédiatement.** Oui, je sais, vous alliez le faire. Mais le « plus tard » devient vite un vrai capharnaüm de piles de dossiers. Alors n'attendez pas « plus tard ». Faites-le maintenant!

• **Prenez-en l'habitude.** Mettre chaque chose à sa place n'est pas une habitude que vous prendrez du jour au lendemain. Vous allez oublier ou laisser courir. Pour ancrer solidement cette habitude dans votre quotidien, vous devez vous concentrer dessus pendant 30 jours. Lancez-vous le défi des 30 jours et canalisez votre énergie là-dessus jusqu'à ce que l'habitude devienne automatique.

« Une place pour chaque chose et chaque chose à sa place. »

• **Faites attention aux transitions.** Le temps qui s'écoule entre le moment où vous finissez une tâche et celui où vous accomplissez la tâche suivante est une transition. C'est alors que vous devez ranger les choses à leur place et mettre de l'ordre dans vos affaires ; mais c'est aussi le moment où vous ne pensez plus à ce que vous devez ranger à la bonne place parce que vous pensez déjà à ce que vous allez faire après (ou au prochain épisode de votre série favorite). En vous entraînant à l'habitude de mettre chaque chose à sa place, prêtez la plus grande attention aux transitions. Si vous en avez vraiment conscience, vous penserez plus facilement à ranger.

• **Veillez à conserver des surfaces propres et nettes.** Ne balancez jamais quelque chose sur le comptoir du bar, la table, le bureau, le lit, la table basse, le buffet ou par terre. S'il vous arrive de le faire, reprenez-vous et trouvez un endroit de rangement. Pendant que vous y êtes, dégagez ces différentes surfaces de tout ce qui les encombre. N'est-ce pas plus agréable ?

• **Étiquetez.** Les étiquettes sont les meilleures amies de l'organisation. Ayez-en toujours sous la main et étiquetez vos boîtes ou vos dossiers pour retrouver chaque chose facilement. J'ai essayé d'étiqueter ma femme et mes enfants, mais ils n'ont pas vraiment adhéré !

• **Évaluez.** De temps en temps, prenez le temps de faire le point sur votre organisation de vie. Vous vous rendrez peut-être compte que ranger telle ou telle chose dans une pièce n'a aucun sens puisque vous l'utilisez dans une autre. Qu'il peut être commode d'avoir une paire de ciseaux dans chaque pièce si vous en avez souvent besoin. Parfois, on a intérêt à tout vider pour réorganiser un tiroir ou un placard.

Si vous continuez de perdre des choses, relisez les conseils ci-dessus et retravaillez-les. Si vous ne perdez plus jamais rien, pensez au temps et à l'argent que vous avez économisés – dans ce cas, sentez-vous libre de m'envoyer un chèque.

« Votre vie peut être totalement organisée autour d'une seule règle : mettre chaque chose à sa place. »

HABITUDE N° 7 : FAIRE LE POINT

« Outre l'art noble
de faire les choses, il est un art
tout aussi noble de laisser
les choses inachevées.
La sagesse de la vie consiste
à éliminer le superflu. »

Lin Yutang

Regardons les choses en face : quand ils ont le nez dans le guidon, mêmes les meilleurs d'entre nous finissent par perdre de vue leurs objectifs et laisser leur système, pourtant bien organisé et efficace, aller un peu à vau-l'eau. En raison de semaines de travail bien chargées et d'une vie bien remplie en dehors du boulot, les meilleurs systèmes ont tendance à se dérégler.

C'est là que le Bilan hebdomadaire entre en jeu – il vous donne l'occasion de rassembler les choses et de vous refocaliser sur ce qui est important.

Dans ce chapitre, nous allons voir comment exploiter le pouvoir du Bilan hebdomadaire sans perdre de temps – c'est-à-dire le Bilan hebdomadaire simplifié.

Le Bilan hebdomadaire simplifié vous invite à faire le point, chaque semaine, sur vos objectifs. Vous examinez votre objectif annuel, les progrès que vous avez effectués dans ce sens durant la semaine passée et les actions à mener pour continuer de le faire avancer la semaine suivante.

Voici comment procéder à un Bilan hebdomadaire efficace en 5 étapes :

1. **Faites le point sur votre unique objectif à long terme et sur votre objectif à court terme.** Révisez vos objectifs de vie (si vous ne les avez pas encore notés, c'est le moment de le faire) et, à partir de ces objectifs, choisissez-en un seul que vous souhaitez atteindre cette année. Juste un pour pouvoir vous concentrer pleinement dessus. Si vous en choisissez trop, vous disperserez votre attention. Or, la concentration est l'élément déterminant pour poursuivre un objectif jusqu'au bout. Puis choisissez un objectif à court terme que vous pouvez atteindre au cours de la semaine qui vient et qui vous rapprochera de votre objectif à long terme. Une fois que vous avez établi cela, chaque Bilan hebdomadaire ne devrait être qu'une évaluation des progrès accomplis vers l'objectif annuel et l'occasion de vous refocaliser sur lui. Il est important de revoir cet objectif chaque semaine pour continuer d'avancer sur la bonne voie et orienter votre attention et votre énergie vers la « destination » que vous voulez atteindre (10 à 15 minutes pour le premier bilan, 5 minutes à chaque fin de semaine par la suite).

2. Revoyez vos notes. Si vous avez suivi l'habitude ZTD n° 1 (Collecter), vous disposez des notes prises durant la semaine. Beaucoup de tâches que vous aviez notées seront déjà réalisées, mais il est important de vérifier qu'il ne vous en reste pas d'inachevées, des numéros de téléphone à inscrire dans vos contacts, etc. Alors faites une petite vérification rapide et notez les tâches éventuellement inachevées (5 à 10 minutes).

3. Vérifiez votre agenda. Passez en revue ce que vous aviez noté cette semaine dans votre agenda pour voir s'il n'y a pas des tâches à avancer ou un événement qui entraînerait de nouvelles tâches à accomplir. Puis regardez le programme de la semaine suivante pour envisager de faire déjà certaines tâches (5 minutes).

4. Reconsultez vos listes. Que vous ayez des listes par catégories ou une seule *to-do list*, il faut vérifier qu'elles sont à jour. Supprimez ou rayez les tâches accomplies. Révisez aussi votre liste des suivis, votre liste un jour/éventuellement et votre liste de projets, si vous en avez (10 minutes).

5. Fixez votre objectif à court terme de la semaine à venir et planifier vos TPS. Si vous avez atteint votre objectif à court terme de la semaine passée, fixez-en un nouveau. Sinon, refixez-vous sur cet objectif et repérez les mini-tâches que vous pouvez faire pour achever sa réalisation. Listez ces tâches et toute autre vraiment importante que vous tenez à accomplir cette semaine, programmez-les dans votre agenda. Prévoyez de les faire assez tôt le matin, en tout cas avant les autres. N'en prévoyez que 1 ou 2 dans votre planning (5 à 10 minutes).

Durée totale du bilan : 30 minutes, si vous restez concentré.

Ne vous laissez pas détourner, avancez rapidement. Éliminez toutes les sources de distraction, déconnectez-vous (sauf si vos listes et votre agenda sont en ligne), éteignez votre portable. Au pire, ce bilan ne devrait pas vous prendre plus de 45 minutes.

En accomplissant ces tâches essentielles lors de votre Bilan hebdomadaire, vous allez, non seulement maintenir la cohésion de votre système, mais aussi rester concentré sur vos objectifs.

« Éliminez toutes les sources de distraction. »

N'oubliez pas : vous focaliser sur un seul objectif à la fois augmente considérablement vos chances de l'atteindre. Imprimez-le et affichez-le si nécessaire. Envoyez-vous des mails de rappel. Parlez-en à tout le monde. Annoncez-le sur votre blog. Imaginez que vous êtes un faisceau laser et… tac ! pile poil sur votre cible.

« Ne vous laissez pas détourner, avancez rapidement. »

HABITUDE N° 8 : SIMPLIFIER

« Avant l'illumination, je coupais du bois et portais de l'eau ; après l'illumination, je coupais du bois et portais de l'eau. »

Proverbe zen

Si vous êtes comme moi, que vous ayez une longue liste de tâches à effectuer, peut-être réparties en différentes catégories (travail, perso, courses, appels, etc.), votre liste est si longue que vous vous sentez dépassés. Vous ne pouvez jamais la vider complètement parce que s'ajoutent sans cesse de nouvelles tâches.

Simplifiez votre liste en la réduisant aux tâches essentielles et vous n'aurez plus besoin de systèmes de planification complexes.

Les *to-do-lists* interminables sont l'un des problèmes de la plupart des systèmes de productivité. Mais les tâches qui y figurent ne sont pas classées par ordre de priorité et il en arrive toujours de nouvelles. Du coup, vous êtes trop occupés à essayer de les expédier toutes.

Dans ce chapitre, nous allons examiner différents moyens de réduire vos objectifs et vos tâches à l'essentiel.

Imaginez d'abord le scénario idéal. Récemment, j'ai commencé à simplifier mon système de gestion du temps issu du GTD et il n'en reste quasiment plus rien. J'ai toujours de longues listes de choses à faire, mais je ne les consulte presque plus. Pourquoi ? Parce que j'ai entamé un processus d'élimination et que je me concentre sur ce qui est vraiment important.

Aujourd'hui, ma *to-do list* se résume, en gros, à 3 choses essentielles que je souhaite faire le jour même (mes TPJ). J'ai aussi une liste de quelques tâches plus modestes que je tiens à expédier toutes en même temps, généralement en 30 minutes environ, laissant le reste de ma journée libre pour les tâches plus importantes. Je continue d'utiliser mon agenda, juste pour me rappeler mes rendez-vous, mais ce n'est plus vraiment un outil de gestion du temps. Je n'ai plus besoin d'outils de gestion du temps, d'ailleurs – depuis que j'ai simplifié ma liste à 3 tâches par jour.

Pas mal, non ? Comment pouvez-vous aboutir à ce résultat, vous aussi ?

Voici les étapes clés :

1. Éliminez, éliminez. Prenez quelques minutes pour revoir vos listes de tâches et de projets et voir comment les simplifier, et dans quelle mesure. Lancez-vous un défi : Voyez si vous pouvez en éliminer la moitié ! Si vous avez 50 items, ramenez-les à 25. Puis essayez de les diminuer encore quelques jours plus tard. Comment supprimer ? Parfois, une tâche a fait son temps et n'est plus nécessaire. Supprimez-la. Parfois, une tâche peut être déléguée. Déléguez-la et hop ! une de moins.

2. Sachez ce qui est essentiel. Comment savoir ce qui est essentiel ? En sachant quel est votre objectif principal, et d'autres si nécessaire. Vous devriez vraiment vous focaliser sur un seul objectif à la fois, mais si vous en avez 2 ou 3, c'est bon quand même. Simplement, ne poursuiviez pas 10 objectifs en même temps. Tenez-vous à l'essentiel. Toute tâche plus modeste est essentielle si elle vous aide à accomplir vos principaux objectifs. Sinon, elle n'est pas essentielle.

3. Simplifiez vos engagements. Sur combien de projets êtes-vous engagés ? Combien de choses « hors programme » faites-vous ? Vous ne pouvez pas tout faire. Vous devez apprendre à dire non et à considérer que votre temps est précieux. Et si vous avez déjà dit oui, il est encore possible de dire non. Simplement,

soyez honnêtes et sincères avec les gens et dites-leur que vous avez un grand nombre de projets urgents à mener à terme et que vous ne pouvez plus honorer l'engagement que vous avez pris envers eux. Peu à peu, vous pourrez limiter vos engagements à un très petit nombre – ceux qui vous apportent vraiment de la joie et de la valeur.

4. Simplifiez votre flux d'information. Récemment, j'ai entrepris de supprimer la plupart de mes flux RSS. J'ai aussi diminué le nombre de mails auxquels je réponds. Et depuis plus d'un an maintenant, je n'ai pas lu un seul journal, un seul magazine ni regardé la télévision (hormis des DVD). Les nouvelles ne m'apportent plus de valeur. Simplifiez les données à l'entrée dans vos vies et vous simplifierez les données à la sortie.

5. Faites un point hebdomadaire. Votre *to-do list* a tendance à s'étoffer au fil de la semaine. Prenez quelques minutes chaque semaine pour en éliminer au maximum. Vous n'avez pas besoin d'une énorme *to-do list* pour être productifs, mais d'une liste bien pensée.

« Simplifiez votre liste en la réduisant aux tâches essentielles et vous n'aurez plus besoin de systèmes de planification complexes. »

6. Vos TPS. Au cours de votre Bilan hebdomadaire, déterminez les tâches les plus importantes que vous aimeriez accomplir la semaine à venir : ce sont vos TPS. Programmez-les dans votre agenda en les répartissant sur différents jours de la semaine – ce seront vos TPJ et ce sont elles que vous ferez en premier dans la journée. Surtout, ne les repoussez pas à la fin de la journée.

7. La plus forte valeur. Considérez le cas de deux journalistes de la presse écrite. L'un est hyperoccupé et écrit une douzaine d'articles par semaine. Ce sont des articles qui ne sont pas mauvais, mais pas révolutionnaires non plus. Le deuxième journaliste écrit un seul article cette semaine, mais cet article fait la une des journaux, on en parle dans toute la ville et il est relayé dans des blogs sur la Toile. Il obtient un prix et devient un grand nom de la presse écrite. Grâce à cet article, il décroche même un contrat pour écrire un livre. Cet exemple est un peu extrême, mais illustre bien mon propos, à savoir que certaines tâches sont vraiment payantes à long terme, alors que d'autres vous occupent, c'est tout, et n'aboutissent finalement à rien. Le premier journaliste aurait pu rester chez lui à dormir toute la semaine, cela n'aurait pas vraiment changé son monde (sauf qu'il n'aurait pas été rémunéré pour sa semaine de travail). Alors concentrez-vous sur les tâches qui comptent, qui feront votre réputation, qui généreront un revenu à long terme, qui vous apporteront une satisfaction durable et du bonheur. Ce sont vos TPS. Éliminez le reste.

8. Vos 3 TPJ. Voici votre système de planification de la journée : notez vos 3 TPJ sur une feuille de papier (personnellement, je les note dans un carnet Moleskine) et, dès qu'elles sont terminées, rayez-les. Consacrez votre journée entière, si c'est possible, à ces trois tâches, ou du moins la première partie de la journée. Vos TPJ sont, en fait, constituées des TPS que vous avez prévues pour cette semaine et d'autres tâches que vous devez accomplir dans la journée.

9. Regroupez les petites tâches. D'autres tâches que vous devez vraiment effectuer sous peine d'avoir quelques soucis vont arriver au fil de la journée. Notez-les sur une autre petite liste (la mienne est en bas de la page de mon carnet). Vous n'avez sans doute pas besoin de les accomplir immédiatement. Regroupez ces petites

« Concentrez-vous sur les tâches qui comptent, qui feront votre réputation, qui généreront un revenu à long terme, qui vous apporteront une satisfaction durable et du bonheur. Ce sont vos TPS. Éliminez le reste. »

tâches et prévoyez environ 30 minutes pour les traiter plus tard dans la journée (vers 16 heures, par exemple). Accomplissez d'abord vos TPJ, puis toutes vos tâches secondaires. Il peut s'agir de coups de fil, de courriels, de la rédaction d'un courrier, de tâches administratives, etc. Essayez de vous en débarrasser rapidement pour les rayer de votre liste. Il peut vous rester quelques petites choses à faire à la fin de la journée, mais ce n'est pas très grave. Mieux vaut les abandonner jusqu'au lendemain, plutôt qu'une tâche prioritaire. Pensez aussi à traiter vos courriels en une seule fois ou en deux fois maximum – si vous les traitez au fur et à mesure qu'ils arrivent tout au long de la journée, vous multipliez les interruptions.

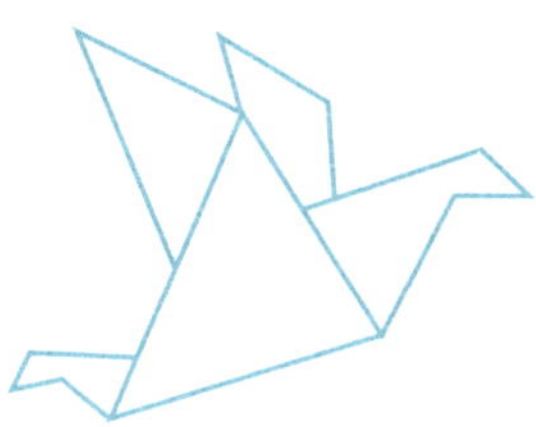

HABITUDE N° 9 : INSTAURER DES RITUELS

« Le zen n'est pas une forme d'excitation, mais la concentration sur notre routine quotidienne. »

Shunryu Suzuki

Créez des rituels hebdomadaires et quotidiens pour donner à vos journées et à vos semaines un aspect plus calme et plus ordonné.

Les rituels peuvent simplifier énormément votre journée de travail et votre vie personnelle pour les rendre moins chaotiques et moins complexes. Vous pouvez regrouper des tâches similaires et les traiter ensemble, et avoir la certitude de faire les choses que vous devez vraiment faire.

Surtout, les rituels vous mettent « aux manettes » de votre journée, vous permettant de tenir les choses en main au lieu de dépendre de la fluctuation incessante des exigences extérieures. Sans rituel établi, vous n'avez aucun bon moyen de dire non à des demandes qui vous arrivent ; vous êtes constamment à la disposition de tous ceux qui « bouffent » votre temps et de tous les sites Web qui réclament votre attention. Ce n'est pas souhaitable si vous voulez accomplir vos tâches les plus importantes.

Prenez le contrôle de votre vie. Fixez-vous des rituels et apprenez à les suivre.

Voici quelques conseils pour vous aider :

- **Tâches professionnelles.** Listez toutes les choses que vous voulez ou devez accomplir dans votre vie professionnelle. Ce peut être de grandes choses comme le Bilan hebdomadaire ou des petites comme de la paperasserie ou des rapports ; ce peut être de traiter et de vider votre corbeille à courrier tous les jours, de fixer vos TPJ au début de chaque journée, de faire le point sur vos objectifs, de discuter de vos progrès avec votre supérieur, de traiter et de vider votre boîte mail, de passer des appels téléphoniques, d'écrire, de concevoir des projets, etc.

- **Tâches personnelles.** Procédez à l'identique pour votre vie personnelle. Vos rituels peuvent être de faire de l'exercice physique, du yoga ou de la méditation, d'écrire votre journal intime, de lire, de lire vos flux RSS, mais aussi d'accomplir des corvées ménagères, de faire les courses, de régler des factures, de faire vos comptes, une lessive, le ménage, de vous occuper de votre animal domestique, d'emmener et d'aller chercher vos enfants à l'école ou à leur cours de musique, d'aller à la banque, à la poste, de faire déjeuner vos enfants, etc.

• **Traitement groupé.** Jetez un œil à vos listes et trouvez le moyen de grouper vos petites tâches. Cela vous fait gagner du temps et vous évite de vous interrompre sans arrêt. Par exemple, si vous devez aller faire les courses au supermarché, aller à la banque, à la poste et à l'animalerie, regroupez ces tâches dans la catégorie Courses et accomplissez-les tel ou tel jour. Vous pouvez aussi organiser une « journée bureau » chaque semaine et en profiter pour traiter vos courriers, régler vos factures, faire vos comptes, remplir des papiers administratifs, préparer ce que vous allez porter à la poste, établir le menu des dîners de la semaine et créer une liste de courses. Vous pouvez vous donner une heure pour traiter tous vos appels téléphoniques, une heure pour traiter vos mails, etc.

• **Liste quotidienne.** Maintenant, consultez vos listes et voyez quelles tâches doivent être effectuées tous les jours. Par exemple, traiter vos mails, traiter vos appels téléphoniques, fixer vos TPJ, écrire votre journal, faire de l'exercice, lire vos flux RSS, traiter votre corbeille à courrier, etc. Programmez vos rituels quotidiens. Ne programmez pas chaque minute de votre journée, mais fixez-vous des créneaux pour effectuer ces tâches journalières. Je vous suggère de réserver des rituels matinaux (peut-être le matin chez vous et à votre bureau) et des rituels du soir (peut-être à la fin de votre journée de travail et juste avant d'aller vous coucher). Laissez-vous le milieu de la journée (la plus grosse partie) pour effectuer vos TPJ et des tâches secondaires.

• **Liste hebdomadaire.** Les choses que vous faites une ou deux fois par semaine, voire plus, mais pas tous les jours, doivent rejoindre vos rituels hebdomadaires. Il peut s'agir de votre Bilan hebdomadaire, de la lessive, de la révision de vos objectifs (même si elle peut s'intégrer à votre Bilan hebdomadaire), du ménage, de l'exercice physique (si vous pratiquez une activité physique 3 fois par semaine, par exemple), des grandes courses, de votre « journée bureau », du jardinage, etc. Étalez ces tâches tout au long de la semaine pour éviter d'en accumuler trop dans une journée. Vous devez avoir 2 ou 3 choses par jour, pas plus. L'idéal serait 1 à 2 choses par jour. Si vous avez tellement de tâches hebdomadaires que vous devez en accomplir 3 ou 4 par jour au moins, c'est que vous avez probablement besoin de simplifier votre système pour ne pas vous sentir débordés. Soit regroupez certaines tâches, soit éliminez les moins importantes.

• **Application.** Maintenant que vous avez instauré vos rituels quotidiens et hebdomadaires, passez à l'aspect concret : mettez-les en pratique. Pour les rituels quotidiens, essayez de vous y tenir pendant au moins une semaine. À la fin de la semaine, faites le point. Si certaines choses n'ont pas fonctionné, procédez aux ajustements nécessaires. Pour les rituels hebdomadaires, voyez si vous pouvez vous y tenir pendant au moins 2 semaines (à moins que votre système ne marche absolument pas, auquel cas vous devez procéder à des ajustements en cours de route). Faites vos réglages et tâtonnez jusqu'à trouver ce qui marche pour vous.

• La volonté de s'y tenir. Il est facile d'instaurer des rituels, mais plus difficile de s'y tenir. Une fois que vous aurez trouvé une série de rituels qui fonctionnent pour vous, si vous êtes capables de vous y tenir pendant 30 jours d'affilée, ils deviendront une habitude. Et vous vous sentirez beaucoup plus sereins et maîtres de votre vie. Comment vous y tenir pendant 30 jours ? Lancez-vous un défi à relever sur cette période, récompensez-vous régulièrement, engagez-vous en public, affichez vos rituels au

« Surtout, les rituels vous mettent "aux manettes" de votre journée, vous permettant de tenir les choses en main au lieu de dépendre de la fluctuation incessante des exigences extérieures. »

mur, chez vous et près de votre bureau, n'opérez pas d'autres changements d'habitudes ou ne poursuivez pas d'autres objectifs pendant ces 30 jours. Si vous êtes capables de canaliser votre attention et votre énergie sur ces rituels pendant ce laps de temps, ils deviendront automatiques et vous réclameront moins d'énergie.

« Il est facile d'instaurer des rituels, mais plus difficile de s'y tenir. Une fois que vous aurez trouvé une série de rituels qui fonctionnent pour vous, si vous êtes capables de vous y tenir pendant 30 jours d'affilée, ils deviendront une habitude. »

HABITUDE N° 10 : TROUVER SA PASSION

« Rien de grand ne s'est accompli dans le monde sans passion. »

G.W.F. Hegel

Parmi toutes les habitudes de la méthode Zen To Done, c'est l'une des plus difficiles – et, pourtant, peut-être l'une des plus importantes.

Si vous voulez adopter une seule des habitudes proposées dans ce livre, c'est la dixième que je vous recommande. Est-elle indispensable au système ? Non. Vous pourriez appliquer toutes les autres, oublier celle-ci et rester productifs, calmes et organisés. Mais cette habitude vous rendra plus heureux et améliorera encore votre productivité.

Réfléchissez deux minutes: si vous voulez vraiment accomplir quelque chose, vous êtes prêts à faire votre maximum, à déplacer des montagnes. Vous allez travailler très dur, vous n'allez pas compter vos heures et vous serez très loin de la procrastination ! Quand vous procrastinez, c'est parce que le travail en question ne vous intéresse pas ou vous barbe carrément. Si vous appréhendez d'aller travailler ou y allez à reculons parce que vous n'êtes jamais motivés, ou si vous trouvez votre boulot répétitif et assommant, il faut envisager de changer de job. Si vous restez dans votre job actuel, non seulement vous resterez insatisfaits et malheureux, mais vous ne pourrez pas réaliser tout votre potentiel.

Imaginez un scénario différent : vous vous levez de bonne heure, sautez de votre lit comme un ressort, tout excités à l'idée de vous mettre au travail. Vous en faites peut-être plus que la moyenne, mais cela ne vous pèse pas parce que vous ne voyez pas le temps passer en travaillant. Vous êtes souvent dans cet état d'esprit qu'on appelle le « flow » – vous perdez la notion du temps et de ce qui vous entoure parce que vous êtes absorbés dans ce que vous faites. Le travail n'est plus un travail, mais quelque chose d'amusant, de plaisant, d'intéressant, d'excitant, de motivant, bref, quelque chose qui vous passionne.

Si vous avez un boulot que vous n'aimez pas, voire que vous détestez, tout ce que je suis en train de vous dire doit vous sembler aussi insensé qu'inaccessible ! Et si vous ne faites jamais l'effort de trouver ce qui vous passionne, alors oui, vous avez raison : ce ne sera jamais possible. Mais osez rêver, osez imaginer des possibilités différentes et osez partir à la recherche de ce que vous aimez. Alors ce qui n'était qu'une possibilité devient une probabilité.

Qu'est-ce que vous voulez vraiment faire là, maintenant, à ce stade de votre vie ? (Ne me dites pas : dormir !) Qu'est-ce que vous aimez faire ? Quel est le job de vos rêves et comment le décrocher ? Réfléchissez-y, pas seulement maintenant, mais au cours des prochains jours. Vous devez d'abord identifier ce job, puis envisager les différents moyens de l'obtenir.

Comment trouver votre passion

Et si vous ignorez quelle est votre passion ? Ne paniquez pas, vous êtes dans le même bateau que la plupart des gens. La clé est de lancer la recherche et de la poursuivre jusqu'à trouver la réponse.

Voici quelques suggestions.

- **Existe-t-il quelque chose que vous aimez déjà faire ?** Avez-vous un hobby, ou quelque chose qui vous passionnait enfant, mais que vous n'avez jamais envisagé de faire ? Que ce soit lire des bandes dessinées, collectionner, fabriquer, créer ou bâtir, il existe probablement un moyen que vous gagniez votre vie avec cette activité. Ouvrez une librairie spécialisée dans la B.D. ou créez un site de B.D. en ligne. S'il existe déjà quelque chose que vous aimez faire, vous avez de l'avance. Il ne vous reste plus qu'à chercher des possibilités de gagner de l'argent avec.

« Imaginez un scénario différent : vous vous levez de bonne heure, sautez de votre lit comme un ressort, tout excités à l'idée de vous mettre au travail. »

• **Sur quoi pouvez-vous passer des heures à vous informer?** Personnellement, quand quelque chose me passionne, je m'informe au point que je suis capable de lire tout ce qui concerne ce sujet pendant des heures. J'achète des livres et des magazines, je passe des jours sur Internet pour trouver davantage d'informations. Autant de possibilités qui peuvent être des voies professionnelles à suivre. Ne fermez jamais votre esprit à toutes les possibilités. Étudiez-les.

• **Petite séance de brainstorming.** Rien ne vous vient à l'esprit là, maintenant ? Eh bien, prenez une feuille de papier et mettez-vous à noter des idées. Écrivez tout ce qui vous traverse la tête. Regardez autour de vous, sur votre ordinateur, dans votre bibliothèque, pour trouver l'inspiration, et notez tout ce qui vous vient. À ce stade, il n'y a pas de « mauvaises » idées. Vous évaluerez vos idées plus tard.

• **Demandez autour de vous et cherchez des idées en surfant sur le Net.** Sollicitez d'autres personnes pour vous donner des idées. Voyez quelles sont les passions qu'elles se sont découvertes. Naviguez sur le Net. Plus vous trouverez de possibilités, plus vous aurez de chances de trouver votre vraie passion.

• **Testez d'abord.** Il est préférable de tester d'abord votre nouvelle idée avant d'en faire un métier. Commencez par en faire un *hobby* ou un travail accessoire, et vous verrez mieux si cette activité est faite pour vous. Elle peut vous passionner pendant quelques jours, mais, pour être valable, il faut qu'elle vous passionne pendant au moins quelques mois. Si vous réussissez le test, vous avez probablement trouvé votre passion.

« Il est préférable de tester d'abord votre nouvelle idée avant d'en faire un métier. Commencez par en faire un hobby ou un travail accessoire, et vous verrez mieux si cette activité est faite pour vous. »

- **Ne cessez jamais d'essayer.** Vous ne trouvez pas votre passion tout de suite ? Baissez les bras au bout de quelques jours et vous êtes sûrs d'échouer. Persévérez, pendant des mois si nécessaire, et vous finirez par la trouver. Et si vous la trouvez, mais que vous vous en lassiez ? Pas de problème ! Recommencez, cherchez une nouvelle passion. On peut avoir plusieurs passions dans l'existence, alors explorez toutes les possibilités. Vous avez trouvé votre passion, mais vous ne réussissez pas à en vivre ? N'abandonnez pas. Continuez, jusqu'à réussir. Le succès n'arrive pas facilement et abandonner trop tôt est le plus sûr moyen d'échouer. Faites preuve de suite dans les idées et vous réussirez.

Comment réussir ?

Une fois que vous avez trouvé votre passion, vous avez fait un grand pas vers le bonheur ! Félicitations ! Fêtez cet événement, puis retroussez vos manches car il y a encore du pain sur la planche.

Voici quelques suggestions pour vivre réellement votre passion :

• **Ne démissionnez pas de votre emploi actuel maintenant.** Si vous trouvez votre vocation, ne donnez pas votre démission demain matin. Il est préférable de garder votre poste actuel tout en cherchant comment gagner votre vie avec votre nouvelle passion. Si vous pouvez en faire d'abord un à-côté financier, puis en vivre de mieux en mieux au bout de quelques mois ou d'un an, c'est encore mieux, bien sûr. Vous pourrez épargner un peu (si vous lancez votre propre affaire, vous aurez besoin de liquidités).

• **Faites quelques recherches.** Qui d'autre exerce le job de vos rêves ? Quelle est l'expérience de ces personnes ? Comment ont-elles décroché ce travail ? Quelles sont les conditions requises ? Faites des recherches sur Internet, demandez à des amis ou des connaissances, passez quelques coups de fil. Plus vous aurez d'informations, mieux ce sera.

• **Quels sont vos obstacles?** Que devez-vous faire pour arriver jusque-là? Avez-vous besoin d'une formation? Avez-vous besoin de relations? Avez-vous juste à poser votre candidature? Vous faut-il acquérir certaines compétences?

• **Planifiez les choses.** Élaborez des solutions à vos obstacles. Si vous avez besoin de suivre une formation ou d'acquérir des compétences, vous ne serez pas en mesure de réaliser votre projet du jour au lendemain; mais, si vous ne planifiez pas les choses maintenant, vous risquez de n'aboutir nulle part. Préparez la voie qui vous mènera au succès.

• **Agissez.** N'attendez pas qu'une occasion vous tombe du ciel. Allez à sa rencontre et saisissez-la. Mettez en œuvre votre projet – accomplissez au moins une tâche aujourd'hui, et chaque jour qui vient, jusqu'à arriver à la destination souhaitée. Vous pouvez avoir l'impression que vous n'y parviendrez jamais, mais si vous vous mettez vraiment au travail, vous réaliserez vos rêves un jour.

• **Pratiquez, pratiquez, pratiquez.** C'est en forgeant qu'on devient forgeron. Ne vous lancez pas dans votre projet avec amateurisme. Si vous voulez en tirer de l'argent, devenir professionnel, vous devez posséder des compétences professionnelles. Devenez très bon dans ce que vous faites et vous en tirerez des revenus. Pratiquez des heures s'il le faut. Si c'est quelque chose que vous aimez, vous aimerez le pratiquer.

- **Faites preuve de persévérance.** Ne baissez pas les bras parce que vous avez été rejeté plusieurs fois (ou de nombreuses fois). Continuez de frapper aux portes. Continuez de passer des coups de fil. Continuez de soumettre votre CV. Continuez de prendre des rendez-vous. Ne lâchez jamais. C'est celui dont la détermination reste sans faille qui l'emportera face à celui qui se décourage et abandonne la partie.

Décrochez le job de vos rêves pour faire quelque chose qui vous passionne et vous n'aurez plus jamais besoin de vous motiver pour retrouver votre productivité.

« Ne vous lancez pas dans votre projet avec amateurisme. Si vous voulez en tirer de l'argent, devenir professionnel, vous devez posséder des compétences professionnelles. »

5.
UNE JOURNÉE AVEC LA MÉTHODE ZTD

« Ne jamais confondre mouvement et action. »

Ernest Hemingway

Vous pensez sans doute aux 10 habitudes, et vous vous demandez ce qu'elles donnent en pratique. Le Zen To Done est le système que j'utilise et je peux vous dire à quoi ressemble une journée avec lui.

Mais plutôt que de vous donner des détails sur ma vie personnelle, je vais partir d'un exemple : un adepte hypothétique de la méthode ZTD… juste pour vous donner une idée du système à l'œuvre. Nous allons prendre Steve qui observe les habitudes ZTD depuis un an.

Le matin

Steve est un lève-tôt – 5 h 30. Bien sûr, se lever de bonne heure n'est nullement obligatoire dans le ZTD, mais Steve le fait parce qu'il aime ce rythme.

Première chose à dire : Steve se lève sans problème parce qu'il est enthousiaste en pensant à la journée qui l'attend. Pourquoi ? Parce que l'année dernière, il a pris l'habitude n° 10 – trouver sa passion. Il en a fait un job qu'il exerce chez lui. Bien sûr, vous n'êtes pas obligés de travailler chez vous pour mettre en pratique le ZTD. Si Steve le fait, c'est parce qu'il aime bosser chez lui.

Donc, il bondit hors du lit, prêt à dévorer sa journée à pleines dents. Puis il commence ses rituels matinaux : il fait sa toilette, s'habille, puis profite de sa bonne tasse de café en regardant le soleil se lever. Ensuite il se met à écrire un article, qui est aussi l'une de ses TPJ. Après sa séance d'écriture, il se change, enfile ses vêtements de sport, lace ses baskets et part courir pendant 30 minutes. Steve aime courir parce que l'exercice lui donne le calme nécessaire pour penser. Après son jogging, il prend une douche rapide, se prépare un petit-déjeuner sain et entame sa deuxième TPJ.

Il désencombre son bureau des papiers inutiles, éteint son téléphone, se déconnecte et ferme tous les programmes de son ordinateur, excepté celui dont il a besoin pour accomplir sa tâche. Puis il se concentre à fond. Il se lève et fait une pause toutes les 10 à 15 minutes, sans s'autoriser à consulter ses mails ou à se divertir d'une façon ou d'une autre tant qu'il n'a pas achevé sa tâche.

Ce n'est qu'après avoir accompli son rituel matinal et réalisé deux de ses TPJ qu'il s'autorise à consulter ses mails et à lire ses flux RSS du matin.

« Le Zen To Done est le système que j'utilise et je peux vous dire à quoi ressemble une journée avec lui. »

Planification

Steve fixe ses 3 TPJ la veille, dans le cadre de sa routine du soir, pour être opérationnel dès le lendemain matin. Il utilise un simple carnet Moleskine – c'est son outil ZTD – et, sur une nouvelle page, il inscrit la date du jour, puis établit la liste de ses 3 TPJ. En bas de la page, il liste ses « tâches groupées » – des petites choses qu'il doit faire au cours de la journée, mais qu'il garde pour plus tard et accomplira sous forme de « package », ce qui lui évite d'interrompre ses TPJ. Il utilise aussi son carnet Moleskine comme outil de « collecte », l'emportant partout où il va pour noter dans une section donnée (indiquée par un Post-it) toutes les pensées et toutes les choses à faire qui lui viennent à l'esprit.

Aujourd'hui, c'est aussi le jour de son Bilan hebdomadaire simplifié – il fait donc rapidement le point sur son système, n'y consacrant que 30 minutes. Il parcourt sa *to-do list* (qu'il garde au dos de son carnet Moleskine) et supprime des tâches qu'il n'a pas réellement besoin de faire, ne conservant que les plus importantes.

Il fait le point sur son Objectif unique de l'année, s'assurant que ses tâches prioritaires de la semaine suivante vont le faire avancer et se rapprocher de cet objectif final. Il examine aussi les progrès qu'il a accomplis la semaine précédente par rapport à cet objectif, et il est heureux de voir qu'il est même en avance sur son programme. Il raye les tâches effectuées et délègue celles qu'il n'a pas besoin de faire lui-même en envoyant des mails aux personnes concernées. Satisfait de voir sa *to-do list* simplifiée au maximum, il programme alors ses TPS de la semaine à venir, vérifie que ses points de collecte sont vides et que son système d'archivage est en place.

Rituel du soir

La journée de Steve se passe globalement comme prévu. Il accomplit ses 3 TPJ, ce qui est satisfaisant, et la plupart de ses tâches regroupées vers la fin de la journée. Il vérifie et vide ses points de collecte vers la fin de la journée aussi. Quelques tâches supplémentaires arrivent, mais il s'en débarrasse rapidement, n'en ajoutant qu'une seule à sa *to-do list*.

« Il désencombre son bureau des papiers inutiles, éteint son téléphone, se déconnecte et ferme tous les programmes de son ordinateur excepté celui dont il a besoin pour accomplir sa tâche. Puis il se concentre à fond sur cette tâche. »

Après avoir consulté et vidé ses points de collecte, terminé ses tâches groupées et vérifié ses listes, Steve poursuit son rituel du soir. Il prépare le repas de ses enfants pour le lendemain, consulte son agenda et sa *to-do list* pour le lendemain et sélectionne ses 3 TPJ. Enfin, il fait le point sur sa journée, notant ses progrès et ses pensées dans son journal.

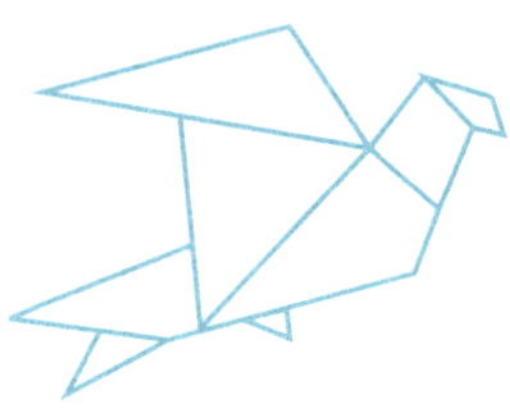

6.

QUESTIONS-RÉPONSES SUR LA MÉTHODE ZTD

« Vous commencez en vous attendant toujours à ce qu'il se passe de bonnes choses. »

Tom Hopkins

Plusieurs lecteurs m'ont écrit en me posant des questions sur la méthode Zen To Done et j'ai pensé que ce serait utile de leur répondre ici.

En quoi la méthode ZTD est-elle différente de la méthode GTD ? On dirait la même chose.

Le ZTD adopte certains principes du GTD et d'autres systèmes de productivité... mais il existe des différences :

1. Le GTD vous demande de prendre toute une série de nouvelles habitudes d'un coup, d'où l'échec de nombreux utilisateurs. Comme je l'ai dit sur mon blog Zen Habits, les changements d'habitudes réclament beaucoup d'énergie et de concentration pour réussir, et il est largement préférable de changer une seule habitude à la fois. Le ZTD vous demande de prendre les habitudes du GTD, mais une par une (ou 2 à la fois maximum).

2. Le ZTD est conçu pour simplifier vos tâches de telle sorte qu'il ne vous reste que les principales à effectuer ; ce système vous évite de vouloir tout faire et d'être submergé. Le GTD se focalise moins sur l'essentiel et accorde une importance égale à toutes les tâches qui vous incombent.

3. Le GTD donne la priorité aux outils et au système, alors que le ZTD se focalise davantage sur l'action, le *faire*. Il vous propose de vous concentrer sur une tâche à la fois, d'éliminer les sources de distraction et d'y aller à fond. Le GTD ne parle pas beaucoup de l'accomplissement réel des tâches.

4. Le GTD passe rapidement sur les objectifs à atteindre. Il a une approche délibérément ascendante et, dans son principe, il n'y a rien à lui reprocher. Le ZTD est davantage orienté vers les objectifs – au cours de vos bilans annuels, mensuels et hebdomadaires, et au quotidien avec vos TPJ. Il combine donc l'approche ascendante du GTD et l'approche descendante de gens comme Stephen Covey.

5. Avec le GTD, votre journée reste très peu structurée, ce qui risque d'être difficile et déroutant pour certains. Le ZTD apporte une structure à votre journée grâce à vos TPJ et vos rituels (du matin, du soir, etc.). Beaucoup trouvent que cela leur facilite les choses, mais si vous ne ressentez pas le besoin de structure, n'adoptez pas le ZTD pour ce seul aspect.

6. Enfin, le ZTD ajoute une dixième habitude : trouver sa passion. Bien qu'elle ne soit pas vraiment une habitude liée à une tâche, elle est extrêmement importante dans l'accomplissement de ce que vous aimez et, si vous

êtes passionné par ce que vous faites, vous en ferez davantage. Je pense que c'est une dimension importante pour beaucoup de gens.

Avec l'habitude n° 8 (Simplifier), n'allez-vous pas à l'encontre de l'objectif du GTD de vous débarrasser de tout ce qui vous trotte dans la tête pour le transférer sur vos listes ?

Si vous vous occupez de simplifier les choses avant de les noter dans votre outil de collecte (votre carnet, par exemple), alors oui, cela irait à l'encontre de la mission du GTD de « déblayer le terrain » dans votre tête. Mais le ZTD vous demande de commencer par les écrire pour laisser de la place dans votre tête avant de faire le point plus tard. C'est en établissant le bilan que vous simplifiez et déterminez si vous avez vraiment besoin de réaliser cette tâche et si elle est vraiment importante.

Ce système ne semble pas si simple. Il comporte 10 habitudes différentes !

D'abord, la plupart des systèmes de productivité comportent bien plus de 10 habitudes. Le GTD en a probablement le double. Les 7 habitudes de Stephen Covey sont en réalité bien plus nombreuses une fois que vous appliquez l'ensemble de son système. Par exemple, pour mettre en pratique l'habitude Donner la priorité aux priorités, vous devez franchir plusieurs étapes, mettre les choses dans des cases, établir des priorités à partir de là, etc. Les autres systèmes n'expliquent pas les habitudes à prendre aussi simplement que le fait le ZTD – sans compter qu'ils vous suggèrent de les adopter toutes en même temps, ce qui vous mène tout droit à l'échec.

Ensuite, vous n'êtes pas obligé d'adopter les 10 habitudes. Elles sont toutes bonnes, mais vous êtes libre de n'en choisir que 5, par exemple. Prenez les habitudes qui vous aideront le plus et conviendront à votre style de travail. Chacun est différent et un système donné ne marche pas pour tout le monde. Le ZTD autorise beaucoup de souplesse.

Pour une approche encore plus simple, reportez-vous à la version minimaliste de la méthode ZTD au chapitre 3.

Ne faut-il pas une très grande discipline pour choisir de ne prendre qu'une seule habitude à la fois ?

Je suis d'accord, il peut paraître difficile de vous restreindre à prendre une seule habitude à la fois. Mais, en réalité, c'est encore beaucoup plus difficile d'adopter un grand nombre d'habitudes en même temps.

Considérez les choses sous cet angle : vous tentez d'arrêter de fumer, de devenir un coureur à pied, de vous entraîner en salle de gym trois fois par semaine, de devenir végétarien, de vous réveiller à 5 heures du matin tous les jours, d'arrêter de procrastiner, de devenir hyperorganisé et de pratiquer la méditation… tout ça la même semaine ? Croyez-vous vraiment que vous réussiriez ? J'en doute fort.

Regardons la vérité en face : changer une habitude est difficile. C'est une compétence qui demande de la pratique. C'est possible – je l'ai fait, comme beaucoup d'autres –, mais il faut de la concentration. Vous ne pouvez pas vous concentrer sur 10 choses à la fois. Sur 2 ou 3 choses, sans doute ; mais c'est encore mieux si vous vous focalisez sur une seule. Vous augmentez vos chances de réussir.

Si vous pensez en être capable, essayez d'en prendre 3 ou 4 pour commencer, mais pas 10. Testez le ZTD version minimaliste, puis ajoutez 1 à 2 autres habitudes tous les mois une fois ces 3 ou 4 premières assimilées.

Les mauvaises habitudes ne se prennent pas du jour ou lendemain, n'est-ce pas ? C'est pareil pour les bonnes. Si vous adoptez une habitude par mois, vous deviendrez quelqu'un de très productif, de très organisé et de très zen à la fin de l'année ! N'est-ce pas une belle réalisation ?

Et si je suis incapable de trouver ma passion ? Dois-je quand même prendre les autres habitudes ?

La dixième habitude est facultative et vous avez intérêt à adopter autant d'autres habitudes que vous pouvez (ou qui s'appliquent à votre style de travail), même si vous ne faites pas le job que vous aimez. Mais la clé de la dixième habitude, c'est de garder les yeux ouverts. Du moins, il faut commencer à chercher et rester toujours à l'affût des occasions ou des idées qui pourront vous permettre de vivre une vie où votre passion est votre travail.

Dois-je vraiment me tenir à un seul objectif par an ? J'en ai tellement !

Je sais ce que vous ressentez ! Mais je le repète, la focalisation est indispensable pour réussir et vous ne pouvez pas vous focaliser sur 10 objectifs à la fois.

Je sais cela d'expérience ; j'ai commencé en 2007 avec une longue liste d'objectifs à atteindre et de l'enthousiasme à revendre. Chaque semaine, je planifiais les actions nécessaires pour faire avancer tous mes objectifs. Mon bel enthousiasme n'a pas tardé à retomber – c'est trop difficile de garder suffisamment d'énergie pour poursuivre autant d'objectifs à la fois. Alors j'ai adopté une nouvelle approche : m'attaquer à un seul objectif à la fois. Maintenant, avez-vous besoin d'une année entière pour accomplir cet objectif ? Non. Vous pouvez vous focaliser sur un objectif réalisable en une semaine, un mois ou six mois. Mais focalisez-vous uniquement sur cet objectif. Une fois que vous l'avez réalisé, passez au suivant. C'est ainsi que vous accomplirez beaucoup de choses en un an.

La méthode ZTD ne viole-t-elle pas la méthode GTD – marque déposée – de David Allen ?

Non. D'abord, même si je dois beaucoup à David Allen et à d'autres systèmes de productivité, David Allen n'a pas inventé le concept de la collecte, du traitement ou du bilan – qui sont les outils des gourous de la productivité depuis des décennies. Il les a juste rassemblés dans un excellent système, très complet et très logique. J'ai pris certains outils qu'il utilise (et qui sont utilisés depuis des dizaines d'années, je le répète) pour les combiner à d'autres, également utilisés depuis des décennies : des concepts comme les TPS et les TPJ, employés par Stephen Covey… et d'autres avant lui ; des concepts comme Simplifier, devenus populaires dans les années 1970 ; des concepts comme Trouver sa passion, qui datent de plusieurs siècles.

Ensuite, Zen To Done ne porte pas atteinte à Getting Things Done. Ils n'ont qu'un mot en commun, et personne ne risque de les confondre. De plus, même si ZTD et GTD sonnent un peu pareil, David Allen n'a pas la propriété de toutes les combinaisons de lettres qui riment avec GTD.

En vérité, je dois beaucoup à David Allen, et à d'autres, mais ZTD est mon propre système, ma propre combinaison d'outils utiles que d'autres ont jugés utiles, eux aussi.

Alors quelle est la configuration de votre ZTD ?

Chacun aura sa propre configuration de la méthode ZTD, puisque chacun doit trouver les outils et un mode de fonctionnement qui lui conviennent. Mais si cela vous intéresse, voici ma propre configuration du ZTD :

- **J'ai un carnet Moleskine** qui tient dans ma poche, que j'emporte partout et que j'utilise comme outil de collecte des idées et des informations.
- **Dans ce carnet, je note mes TPJ**, ainsi que des « tâches groupées » en bas de page. Je note ma *to-do list* principale, ainsi que des listes séparées pour les courses, les appels et les suivis, au dos de mon carnet.

- J'utilise le Google Calendar uniquement pour mes rendez-vous (et les activités de mes enfants), Gmail pour mes courriels, ainsi que Google Documents et AbiWord – logiciels de traitement de texte – pour écrire.

C'est tout !

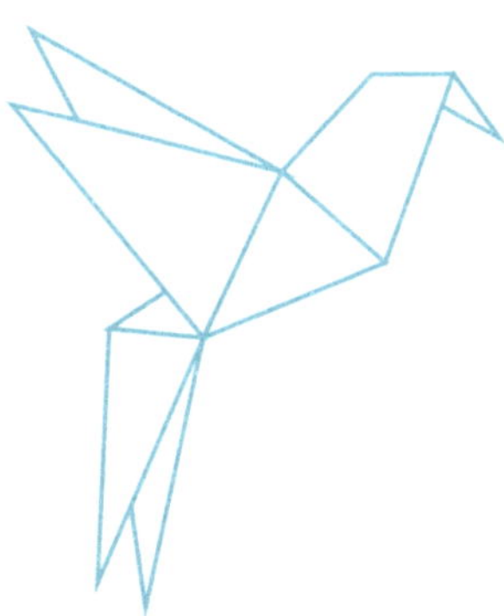

7.
RESSOURCES

« À un certain moment,
"pas maintenant" devient "jamais". »

Martin Luther

Outils

To-do lists : Vitalist, Tadalist, Backpack, Simple GTD, Nozbe, Tracks, Remember the Milk
Calendriers : Google Calendar, 30 Boxes
Autres outils : Cool Timer, Hipster PDA

Articles de Leo Babauta sur son blog Zen Habits (en anglais)

- TPJ (MITs)
- TPS (Big Rocks)
- Vider votre boîte mail (Clearing Your Email Inbox)
- Désencombrer votre bureau (Clearing Your Desk)
- Rituel du matin (Morning Routine)
- Rituel du soir (Evening Routine)
- Défi à relever sur 30 jours (30 Day-Challenge)
- Les 20 meilleurs boosters de motivation (Top 20 motivation Hacks)
- Exécuter votre *to-do list* (Executing Your To-do list)
- Bilan hebdomadaire (Weekly Review)
- Questions-réponses sur le GTD (GTD FAQ)
- Liste de ressources du GTD (Massive GTD Ressources List)

Fiches Zen To Done

Dans les pages qui suivent, vous trouverez quelques modèles de fiches :

- **Fiche Objectif unique**
- **Fiche ZTD hebdomadaire**
- **Fiche ZTD journalière**
- **Listes ZTD**

Fiche Objectif unique

Année xxxx	
L'Objectif unique de cette année :	
Mantra pour cet Objectif unique (2 à 4 mots) :	
Premier sous-objectif (1 à 2 semaines) :	

Note : Après avoir accompli le premier sous-objectif, rayez-le et créez un deuxième sous-objectif, et ainsi de suite jusqu'à réaliser votre Objectif unique de l'année. Chaque sous-objectif doit prendre 1 à 2 semaines – mais peut-être un peu plus ou un peu moins.

Fiches hebdomadaires

Semaine n°	
Mantra :	
Sous-objectif de l'Objectif unique actuel :	
TPS n° 1 :	
TPS n° 2	
TPS n° 3	
TPS n° 4	
TPS n° 5	

Projets de cette semaine	

Checklist du bilan hebdomadaire simplifié
Faire le point sur l'Objectif unique de l'année
Faire le point sur le sous-objectif à court terme de la semaine dernière
Faire le point sur mes notes
Faire le point sur mon agenda
Faire le point sur mes listes par catégories
Faire le point sur ma liste un jour/ éventuellement, ma liste de suivis, mes listes de projets
Fixer le sous-objectif à court terme de la semaine à venir
Fixer les TPS de la semaine à venir

Rituels de la semaine
Lundi :
Mardi :
Mercredi :
Jeudi :
Vendredi :
Samedi :
Dimanche :

Fiches journalières

Date du jour :	
Mantra :	
Sous-objectif de l'Objectif unique actuel :	
TPS n° 1 :	
TPS n° 2	
TPS n° 3	

Tâches regroupées (à traiter)	

Tâches et idées qui arrivent
Vendredi :
Samedi :
Dimanche :

Rituel quotidien
Dimanche :

Listes

Liste de projets
Dimanche :

Tâches professionnelles
Dimanche :

Tâches personnelles
Dimanche :

Suivi
Dimanche :

Appels
Dimanche :

Courses
Dimanche :

Un jour
Dimanche :

Remerciements

Merci à ma femme, Eva, pour la patience dont elle a fait preuve en me permettant d'écrire ce livre et pour tout le reste.

Et un grand merci aux lecteurs et aux lectrices de Zen Habits qui m'ont encouragé au-delà de ce qu'ils pensent.

Leo

Découvrez aussi du même auteur

« Ce livre vous initie à l'art d'aller à l'essentiel : il vous transmet le pouvoir d'une vie simplifiée. En apprenant à identifier les choses indispensables de votre vie et à sélectionner le nécessaire, vous déplacerez des montagnes. »

Achevé d'imprimer en janvier 2018
sur les presses de la Nouvelle Imprimerie Laballery
58500 Clamecy
Dépôt légal : janvier 2018
N° d'impression : 712295

Imprimé en France

La Nouvelle Imprimerie Laballery est titulaire de la marque Imprim'Vert®